The psychology of financial behavior

金融行動の心理学

●金融心理尺度の開発と応用

佐々木美加 Mika Sasaki

ナカニシヤ出版

まえがき

本書は，個人金融において個人の心理学的な視点を取り入れるための研究成果をまとめたものである。心理学的視点の必要性を認識したのは，専門家が施行する金融政策と一般人の金融行動との間にあまりにも乖離があると感じられたからだ。2000 年代以降，日本銀行は「貯蓄から投資へ」と金融政策を方向づけてきた。しかし日本証券業協会が縦断的に行っている『証券投資に関する全国調査』の 2009 年度（平成 21 年調査）以降のデータでは，家計における金融資産の内訳では預貯金が 9 割以上であるのに対し，株式は 1 割強，投資信託は 1 割にも満たない（第 1 章参照)。長期にわたりゼロ金利政策が推進され投資が奨励されているにも拘らず，日本人の貯蓄志向は変わらない。

では一体どのような人が奨励される投資に勤しみ，どのような人が貯蓄に励むのか。そこに至る要因は何なのか。これまでの多くの調査・研究によってデモグラフィック要因の検討が多く行われてきている。年齢，職業，収入・資産，居住地等々。「収入や資産が十分あり時間のある年齢でサポートを受けやすい地域に住んでいれば投資ができるのだろう」。そうした投資のために必要な“要件”は見出すことはできる。もし要件をそろえれば投資が促進されるなら，政策の苦労もないだろうし，ひとりひとりの自由な意思決定など関係ないことになる。

もちろん投資するにしろ貯蓄するにしろ，人はさまざまな制約の中で自由に意思決定している。投資する条件がそろったからといって自動的に投資するわけではないし，強制的に投資させられるわけでもない。調査で見出された投資の要件は，人々が家計の中で金融資産をどのように振り分けたか，あるいは振り分けなかったか，という集合的結果である。ひとりひとりがどのようなプロセスでそれぞれの家計行動を行ったかはうかがい知ることができない。それぞれ異なる心理プロセスを経たうえで金融に関する意思決定を行っているのだ。ではどのような心理プロセスで金融に関する意思決定が行われているのか？これを心理学的に実証研究したのが本書である。

ここで医療の例を挙げてみたい。近年個別化医療や精密医療が進み，患者の体質，遺伝子，環境，ライフスタイルなどの個人特性に応じた医療を行う方向が進められている。そうすると体の副反応も少なく，効果も高くなると考えられている。ただ一律に既製品の薬剤を処方されて決まった時間に服用しても，効き目がある人とない人がいるように，金融政策も一律に貯蓄を投資に回しなさいと言われても，受け付けない体質の人もいれば，速攻で投資に向かう人もいるだろう。薬と同じく金融にもその人の特性に応じた処方が必要と思われる。

つまり金融に対する人々の体質ともいうべき，個人の金融行動の特性を明らかにすることができれば，精密医療のようにその人に適した金融の処方箋や医薬品にあたるものを提供することも可能かもしれない。何より本人が自らの“金融体質”を自覚できる。そうした観点から，本書では個人金融において，人がどのように金融を捉え（金融認知），どのような個人金融を志向し（金融への態度），投資を行うかあるいは行わないか（投資行動）という心理プロセスを明らかにする。つまり個人の視点から金融を捉えなおすために金融行動を心理学的に研究した。

本書ではこうした個人単位の金融に焦点を当て，個人が金融に関する意思決定を行う過程を「金融行動」と位置づけ，そのメカニズムを心理学的に検討する。投資に至るまでに金融商品をどのように認知し，金融商品に対してどのような態度を持ち，最終的な金融行動に至るのか。そうした実際の金融行動に至るまでの心理的過程を明らかにするのが本書の目的である。

本書で行った金融行動の心理過程の諸研究の革新的特徴は，第一に金融行動の心理過程を統合的に捉えたところにある。これまでの金融行動に関する心理学的研究は，ギャンブル行動と刺激希求傾向，投資の損失認知バイアス，金融リスク認知の高さと投資など金融行動の一部について心理学的メカニズムを解明しようとする研究が大半であった。また経済学においては，個人金融に関する心理過程が考慮されることはあまりなく，収入，学歴，性差など既存の社会的カテゴリーによって金融マーケティングが行われているが，心理過程には踏み込めていなかった。

これに対して本書の研究では，まず金融を心理的にどう捉えているかを質的に明らかにした。すなわち心の中では金融がどういうファクターで構成されているか，その金融の認知構造を明らかにしたのだ。金融の認知構造は，現実の金融の構成要素とは対応していない部分も多くみられ，人々の金融の捉え方と現実の金融の乖離が明らかになった。この金融の認知構造の解明については，第１章に分析方法の詳細を著した。

第１章では，金融心理の全体像を捉えるために金融リスクに関する集団討議データの内容分析を行った。内容分析から，個人のこころの中で金融がどのように位置づけられ知覚されているか心理的構造を明らかにした。心理的構造を分析する際，こころの中の金融ファクターがどのような因果関係にあるかが想定された。さらに金融の専門家と一般消費者の両方を念頭に置き，両者がそれぞれ集団討議を行ったものを分析し比較検討した。

これにより一般消費者と金融専門家の間で金融の認知構造に違いが見出され，金融認知の専門性ギャップがつまびらかになった。つまり金融という事象自体は現存する一つの経済システムだが，専門知識があるかどうかで心理学的には異なる捉え方（認知構造）になることが示されたのだ。この金融認知の専門性ギャップは経験上知られてきことだったが，単に金融リスクを強く感じるかどうかや金融知識だけではなく，構造的な違いを示したところが革新的だといえるだろう。

こうした金融の認知構造を明らかにして金融の心理過程の全体像を捉えただけでなく，第２章では，金融の認知構造をもとに金融の心理過程を測定する金融心理尺度を開発した。これまで金融に関する心理尺度が少なく，網羅的でないものが多かったのに対し，金融心理尺度は金融の心理過程を体系的に測定したという点が画期的な特徴だといえる。

第２章では，第１章で解明された金融の認知構造を基に金融心理尺度を作成する手続きを詳述した。こうした表面上うかがい知れない金融行動に至る心の働きを測定する心理尺度の開発過程を公開することで，同様の心理過程の測定尺度の開発に役立てば幸甚の至りである。そこで学術論文では通常省かれる部分まで開発手続きを詳細に記している。

金融心理尺度の開発により，金融行動の心理過程の特定の部分を測定して数値化することができる。具体的には，金融の認知・金融への態度・投資行動の個人特性が測定可能となった。当然のことながら，金融心理尺度の妥当性を検討・確認し，一般消費者群と金融専門家群の多母集団分析を行い，一般消費者に対しても金融専門家に対しても用いることができる尺度であることも確認した。

第1章で金融の捉え方を統合的に明らかにし，第2章で金融の認知・金融への態度・金融に関する個人的・社会的状況が金融心理尺度の開発により測定可能となった。この金融心理尺度を用いて，金融に関する個人特性と実際の金融商品の選び方との因果関係を明らかにしたのが第三の本書の特徴である。これは最終章の第3章に著した。

第3章では，妥当性の確認された金融心理尺度を用い，まず種々のデモグラフィック要因との関係を調べた。すなわちどのようなカテゴリーの人が各種の金融心理尺度の得点が高いのか低いのかを明らかにした。そのうえで，金融心理尺度と投資の意思決定の関連を検討した。すなわち，金融心理尺度のどの因子の得点が高ければ，どのような金融商品への投資を促進するのかを明らかにした。これによって金融行動に至る心理的な因果関係を実証することができた。

以上の構成で，本書では金融を個人の視点から金融行動として捉え直し，これまで心理学で研究されてこなかった金融の心理過程を明らかにし，金融行動を個人特性として測定可能にした。今後こうした金融行動の測定尺度の開発が進み，金融行動を個人の意思決定のプロセスの一つとして捉えられ，個人視点が加わり，金融商品が個人にとってより身近で使いやすいものになるために少しでも役立てば幸甚の至りだ。

なお，本研究の一部は，日本学術振興会科学研究費補助金（挑戦的萌芽研究，課題番号26590134，基盤研究（C），課題番号19K03213）および関西大学ソシオネットワーク戦略研究機構の2018年度公募研究費により行った。

本書は，公益財団法人 全国銀行学術研究振興財団2022年度の助成を得て刊行された。この場を借りて心よりお礼を申し上げたい。

2023年　7月

著者　佐々木美加

目　次

金融行動の心理学

金融心理尺度の開発と応用

佐々木美加

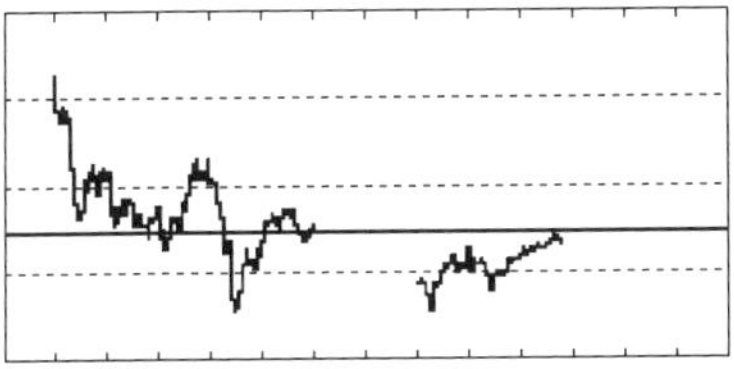

第 1 章　金融の認知構造と専門性

第 1 節　金融行動と金融リスク認知

第 2 節　大学生の金融認知構造

第 3 節　金融専門家と一般消費者の金融認知構造

第1章
金融の認知構造と専門性

本書の目的は，個人金融における金融行動を個人の視点から心理学的に研究し，心理学的に測定可能とし，心理学的なメカニズムを明らかにすることである。本章では，心理学的測定の基礎データとして金融行動の心理学的特徴を明らかにする。まず金融行動を心理学的に捉えるため，本章では金融の認知・金融への態度・投資行動についての構造を把握するデータを収集し内容分析を行った。その際，専門家／非専門家間の認知ギャップを検討するため，金融専門家のデータと一般消費者のデータを比較対照した。こうした金融の認知構造を把握したうえで，これらを数量化する金融心理尺度の項目作成のための礎を築いた。

1. 金融行動と金融リスク認知

[1] 金融行動とは

日本証券業協会が縦断的に行っている『証券投資に関する全国調査』によれば，家計における金融資産の割合として，預貯金は91.9〜92.9%に達しているのに対し，株式は11.8〜13.0%，投資信託は7.3〜10.8%，公社債は2.2〜3.6%となっており，預貯金が他の投資商品よりも圧倒的に割合が高い（図1-1参照）。

日本銀行は，2000年代から金融政策として「貯蓄から投資へ」と方向づけてきた。長期にわたりゼロ金利政策が推進され，投資が奨励されているにも拘らず，日本人の貯蓄志向は変わらない。ゼロ金利政策で利益が低いとわかっていても預貯金を行い，利益率の高い株式，投資信託，公社債等に投資をしないのは経済合理性に反している。

人間が完全に経済合理的な存在ではないとすると，一体どのような原理に基

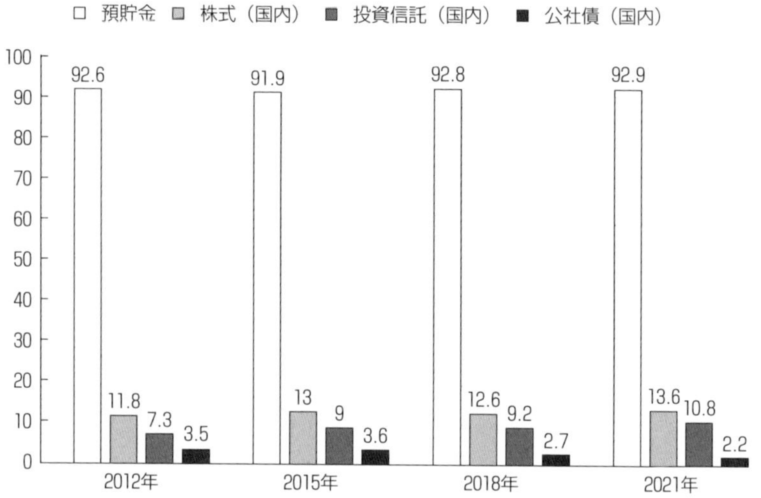

図 1-1　2012 年～2021 年の金融商品の保有率の推移（証券投資に関する全国調査（日本証券協会, 2012, 2015, 2018, 2021）のデータから作成）

づいて貯蓄にばかり向かうのだろうか。その行動のメカニズムを解明するためには，心理学的行動の分析が不可欠だと思われる。個人金融において，なぜ貯蓄を行うのか，投資を行うのか，その経済合理性に基づかない側面のこころのメカニズムを解明するためには，個人単位の金融を個人の行動として心理学的に研究する必要がある。基本的に金融とは，債権・債務の関係を生ぜしめるような資金の移転現象のことであるが（金森・荒・森口, 2009），本書ではこの金融の個人単位の行動を「金融行動」と呼び，金融行動の心理学的解明を試みる。

本書の目的は，金融行動において個人の心理学的な視点を取り入れることである。個人の視点として，特に金融に知識があるというわけではない一般人にとって，なぜ金融商品を購入するというのはハードルが高く感じるのだろう。その理由の１つとして，金融商品には，現金と違って金融リスクがあることが挙げられる。金融リスクとは一体どういうものなのか，他の災害や犯罪の被害のリスクと同じ点はあるのか相違点はどこにあるのか。この章では，金融リスクの心理的な捉え方について質的に明らかにし，多くの日本人が金融行動に積極的でない要因を探る。

まず金融リスクとは何か――その位置づけを明確にし，人々がもつ金融リスク認知を集団討議の内容分析によって検討し，その認知構造を明らかにする。この集団討議は，専門家や金融商品を取り扱う現場にいる，いわゆる熟練者の専門的議論を対象としていない。というのも，本研究では金融の専門的分析を目途とするのではなく，金融商品の購入を検討する消費者側の金融リスク認知に焦点を当てているからである。本研究では金融商品の消費者（あるいは消費者となりうる可能性のある人々）の金融リスクの認知構造を明らかにし，金融に対する態度や意思決定のプロセスを心理学的に研究する。その際，金融の専門家との認知ギャップについても検討する。

金融リスクを心理学的に構造分析する前に，まず「リスクとは何か」について概観する。そのうえで，金融リスクがあらゆるリスクという概念の中でどのような位置づけにあるかを明確にし，その位置づけゆえの心理学的研究の必要性を述べる。第一にリスクの学問的定義を概観し，リスクの定義の中で，金融リスクの特色を検討する。第二に，金融リスクの特色とこれを心理学的に検討する意義を論じる。

[2] さまざまな分野のリスクと金融リスク

1) リスクとは何か

まず始めにリスクの学問的定義を行うため，リスクの範囲と種類を整理しておきたい。リスクは，医療や健康全般，事故や安全，あるいは防災や組織の危機管理，さらに保険学や経済学など多様な学問分野にまたがっているものである。これらの分野を越えて共通の概念規定が試みられるようになったのは，1970 年代以降であるとされている（中谷内, 2003）。現在のところ，リスクの共通概念は「望ましくない結果が生じる確率と，その結果の深刻さの程度」とされている（Kaplan & Garrick, 1981; 池田・盛岡, 1993; 中谷内, 2003）。

分野を越えて共通した概念であるとはいえ，各分野にそぐわない部分がうかがえる。上述のリスクの共通概念も，経済におけるリスクの概念に当てはまらない点があると思われる。というのも，経済のリスクは「害を及ぼすリスク」，つまり「損失を生じる可能性」だけをリスクと捉えてはいないからである。経済学においては，経済主体が起こす各々の意思決定に対して，どのような結果が生じるかが既知でない時，リスクもしくは不確実性があるとされる（金森・荒・森口，2009）。

とりわけ金融のリスクは，損害を被るだけでなく，利益を得る可能性も含んでいる。それは，金融商品のリスクは，価値が変動することによって生じるからである。たとえば，家具，車，服飾など通常のモノ商品は，時間の経過とともに価値が下がる，いわゆる減価償却が起きる。これに対し，金融商品は為替や景気の変動によって価格が上下する。したがって，金融商品は，経済的価値が時間軸に沿ってマイナス方向だけではなくプラス方向にも変動し，この変動の幅を商品のリスクと捉えているのである。これが本研究で取り上げる金融リスクの特性である。金融のリスクは，伝統的な金融理論では，利益の期待される分配の分散として考えられている（Duxbury & Summers, 2004）。

価格が変動する金融商品の代表として，株式を例に挙げてみよう。株式の場合，リスクは「期待された結果と現実との差異」と定義される（釜江・北岡・大塚・鈴木, 2004）。それゆえ，リスクは収益率の標準偏差として算出される。すなわち，株式のリスクは収益率の平均値（リターン）からどのくらい変化するかという変動幅といえる。つまり，株式という金融商品のリスクは，リターンをもとに計算されるのであって，リスクが高い場合，収益率が平均よりも極度に高く得られる可能性もあれば，収益率が平均よりも極度に低く，損害が大きいこともあるのだ。したがって，リスクが高いことはハイリスク・ハイリターンであり，リスクが低い場合，ローリスク・ローリターンであるといえる。この金融リスクの特性に，なぜ心理学が関わってくるのか。

株式のリスクは，単に損害を生じる可能性だけではなく，利益を生じる可能性も含む，という点で他の分野のリスクとは違っている。とはいえ定義は明確で簡単に計測することができる。一見，ここに心理学の出る幕はなさそうに思える。しかし，そこには計算された数学的リスクすなわちリスクの客観的指標と，心理学的プロセス—人が金融のリスクを知覚し，理解するために「算段」を行うこころの働き—との間にギャップが存在するのだ。これらの心理学的プロセスは，一般の人のリスクの主観的捉え方そのものであり，「リスク認知」として心理学で研究されてきた。リスク認知は，長年心理学で培われてきた認知的バイアス研究の方法を用いて研究されてきた。この認知バイアスという視点こそ，今日経済リスクや経済活動，とりわけ商品選択などの意思決定の実証研究を行ううえで心理学がもたらした貢献の１つであると思われる。次節では，金融リスクに関する心理学的研究の意義について詳述する。

2）リスク認知のバイアスと認知ギャップ

消費者が購買行動を行う過程において，損得の知覚には，認知バイアスが生じるということを，初めて実験によって広く経済学分野に紹介されたのは，プロスペクト理論であろう。Tversky & Kahneman（1981）は，ある商品の割引を得るためのコストを払うかどうかを実験的に研究し，同じ額の利益を得るためのコストであっても，割引対象となる商品の定価が小さい方が割引が大きく知覚されることを示した。

プロスペクト理論の発表以降，経済学的価値を数学的に理解し評価することと，その価値を人が実際に知覚しているかは，実は同じであるとは限らないということが認識されるようになっていった。これと同様に，「経済的価値を含む金融商品のリスクを数学的に評価し理解すること」と「消費者として金融商品のリスクをどのように知覚し受け止めるか」は必ずしも一致しないことが推察される。つまり，消費者が金融商品を評価する際，商品のリスク認知のバイアスが介在する可能性があるのだ。

3）リスク認知バイアスと専門家／非専門家ギャップ

もちろん，すべての人が金融リスクの認知においてバイアスを生じるとは限らず，金融学の専門家や金融機関の労務者などは，数学的に「正確な」評価を行っているだろう。しかし，金融商品の購入者には専門家だけでなく，金融に関する知識の乏しい非専門家，つまり特に専門知識を持たない一般消費者（以下，一般消費者）も多い。こうした金融専門家と一般消費者の間のリスク認知の不一致の問題は，実際の金融商品市場に影響を及ぼしていると考えられている。

保険商品においても，生命保険需要の形成は，リスク認知を起点に生活保障ニーズが生じるという購入プロセスが提唱され（林，2008），リスク認知の重要性が指摘されている。また証券においては，証券化商品のリスクの所在が正確に把握できないことが投資家の不安を増幅させることになり，これが金融危機の一因になったと指摘されている（丸茂, 2010）。

こうした専門家と非専門家の間のリスク認知の不一致は，心理学ではリスク・コミュニケーションの1つとして扱われてきた。これらのリスク・コミュニケーションの不一致は，非専門家（本書では一般消費者）が，リスクの重大性や確率以外の情報によってリスクを判断していることから生じていると指摘されている（Bennett & Calman, 1999; 吉川, 2007）。Bennett ら（1999）の研究は，経済学的リスクや金融リスクについて研究されたものではない。しかし，丸茂（2010）が指摘するように，一般消費者が金融商品のリスクを金融専門家のように正確に把握できないことが金融商品への不安を増大させ，消費の低迷や市場への不信を生むのであれば，一般消費者のリスク判断を左右する要因が何かを突き止めることが急務であろう。

一般消費者の金融リスク判断を左右する要因を検討するには，一般消費者が金融リスクをどのように捉えているのか，その認知構造を心理学的に明らかにすることは意義深いと思われる。リスクを分散するのに有効なポートフォリオの選択においても，人は単純な方略やヒューリスティクスを用いるといわれている（Vlaev, Chater, & Stewart, 2009）。では，一体どのような簡易方略やヒューリスティックスを用いるのか，これを見出すには，専門的知識に基づいた枠組みからリスクの因子を特定することはほとんど意味がないであろう。むしろ，一般消費者が具体的に金融商品をイメージすることにより，一般消費者のリスクに関するメンタル・モデルを検討する方が，一般消費者のシンプルな認知構造が明確になると思われる。こうした観点から，次節では，消費者となり得る大学生に金融商品に関するインタビューを行い，これを内容分析することにより金融リスクの認知構造を明らかにしていく。

2. 大学生の金融認知構造

[1] 目　的

本調査は，日本の金融商品のリスクと金融商品に関わるリスクに対する消費者の認知構造を明かにすることを目的としている。金融認知構造の分析について確立された方法があるわけではないため，金融リスク以外のリスク認知調査の方法を踏襲する。その際，調査対象者は商学部の金融の専門教育を受けた学生と受けていない学生を比較し，専門家／非専門家の調査の予備研究とする。方法としては，金融商品の消費者の立場で行った集団討議に対して KJ 法による内容分析を行い，消費者の金融リスクの認知構造を明らかにしようとするものである。Vlaev ら（2009）は，自由記述の質問紙により金融リスクの認知構造を検討する調査研究を行っている。この調査では，第一研究として金融リスクの要因とその重要性について５つの自由回答欄を呈示して自由回答を求めている。しかし，この方法では，株式などに回答数が偏っており，他のリスクについての回答があまり得られないという欠点が見られた。そこで，本研究では，金融商品の購入時のリスクをよりイメージしやすいように，司会者が尋ねた金融商品や金融リスクに関する項目について，調査の参加者が自由に討議する方式を採用した。この方式は，食品のリスク認知の調査においても用いられている（Brunsø, Verbeke, Olsen, & Jeppesen, 2009; Pieniak, Verbeke, Vermeir, Brunsø, & Olsen, 2007）。

ただし，自由討議において単にテーマを与えて一定時間行っても，質問紙の自由回答と同様に，イメージする金融商品やそのリスクは偏ってしまう。そこで，本調査では，訓練された司会者が金融商品のリスクとそれに関わるトピックについて質問を行い，それに対して参加者が集団で討論を行うという形式をとった。質問は，日本の金融商品の知覚されたリスクの分類（原田, 2003）を用い，金融リスクの種類を偏りなくカバーできるよう配慮した。

[2] 方　法

① **調査対象**　被調査者はM大学商学部２年生でまだ専門のコースが決まっていない時期の３名のグループと，同学部３年生で金融・保険のコースで学ぶ３年生４名のグループであった。調査対象者は，グループごとにM大学内の教室で金融に関する集団討議に参加した。

② **手続き**　被調査者に，調査の目的とフェイス・シート回答欄が表紙に付けられた質問紙を配布し，回答を求めた。集団討議は，原田（2003）の金融に関する知覚リスクの分類をもとに作成されたディスカッション進行表（表

1-1）に基づいた司会の進行に沿って行われた。司会者は訓練された協力者で，ディスカッション進行表に基づいて質問を行い，討論が滞った場合にはファシリテーターを務めた。ディスカッションは匿名で行われ，被調査者の許可を得て録音された。録音された討論内容は，書き起こしされ，書き起こした発言のローデータをKJ法により内容分析した。

表1-1　金融リスクに関するディスカッション進行表

項目		リスクの種類（原田, 2003）
開始	今日は，金融商品に関するディスカッションに参加していただき，ありがとうございます。司会を担当いたします○○です。よろしくお願いします。	
説明	これから，「金融商品に関するリスク」について，金融について知識のある皆さんに議論していただきたいと思います。ディスカッションは匿名トークとなりますので，それぞれコードネームのAさん，Bさん，Cさん，Dさん，と呼ばせていただきます。 ディスカッションは，金融リスクに関する研究の目的で行われるもので，プライバシーが漏れることはありません。皆さんの思ったとおりの発言をお願いします。	
	ディスカッション中は，金融商品に関する質問をいたしますので，ご自身のお考えを述べてください。時間の関係もあり発言の順番を設けておりませんので，自由にご発言ください。何か質問はございますでしょうか。なければ，始めたいと思います。	
資産運用の方法	まずはじめに，「資産を増やす手段」についてお聞きします。皆さんは，どのような方法が考えられますでしょうか。ご自分が実際に行うかどうかは別として，思いつく限りおっしゃってください。	

金融リスク認知	今，いろいろな方法が挙げられましたが，これらを買う時に心配になったり躊躇する点というのは何でしょうか。感じられるリスクは何でしょう。	総合的リスク	「金融用品購入にリスクや不安を感じる」
金融リスク認知	これらを買う時に家族や周りから何か言われたり，社会的な信用にかかわる危険性を感じることはあるでしょうか。	社会的リスク	「金融商品を購入することによって，家族等から批判は受けないだろうか」
金融リスク認知	友人や知人が購入しているのと同じかどうかは気になりますか。知っている人が買っていると安心でしょうか。気軽に買いたくなる原因はありますか。あるとしたら，どんなことでしょう。	心理的リスク	「友人・知人が購入している金融商品と同じだろうか」
金融商品	ご自分がもっとも投資したいと思う金融商品は何でしょうか。		
重視する点	ご購入の際に重視する点は何でしょうか		
金融リスク認知	購入される際，商品の仕組みや内容，利息などが約束どおりになるか，運用が思ったとおりになるかということには不安はないでしょうか。どういった商品は安全で，どういった商品はリスクが高いでしょう。	機能的リスク	「金融商品は，仕組みや内容が約束どおりになるか」
金融リスク認知	これを買おうと思う時，金利や，コストの面で他の商品と比べてみたりはしますか。具体的な比較してみた点などはありますか。	経済的リスク	「同じ内容の他の金融商品に比べて金利などの面で不利ではないか」
金融リスク認知	買う時に，タイミングを見計らって購入されるでしょうか。	機会損失リスク	「今のタイミングで購入することが最良であるだろうか」
金融リスク認知	たとえば，誰かに勧められたり，情報を得たときに，結局自分が求めているかどうか，というところは考えますか。	帰結リスク	「自分で求めていない仕組みや機能が多くないだろうか」
	その商品が自分にとって最良かどうか，一番求めているかどうかは，何で判断されるのでしょう。	商品リスク	「大切な資金で購入するうえでの最良の金融商品だろうか」
金融リスク認知	購入する取り扱い金融機関をどこにするか，考えますか。	機関リスク	「取り扱う金融機関は，私の大切な資金で購入するうえで最良の金融機関だろうか」

基準	どういう基準で選ぶでしょう。		
信頼性	購入する機関の評価は気にしますか。		
格付け	格付けなどは，どうでしょう。		
ネット購入	インターネットで購入されることはありますか。		
金融リスク認知	購入するまでにかかる時間や解約する時間などについてはどう思われますか。	時間的リスク	「金融商品の購入や解約に多くの時間を費やすことになるのだろうか」
理由	最後に，今までディスカッションされた中で，もっとも買わない原因になることは何でしょうか		
終了の合図	それでは，このあたりでディスカッションを終了したいと思います。貴重なご意見を多数頂戴いたしまして，ありがとうございました。		

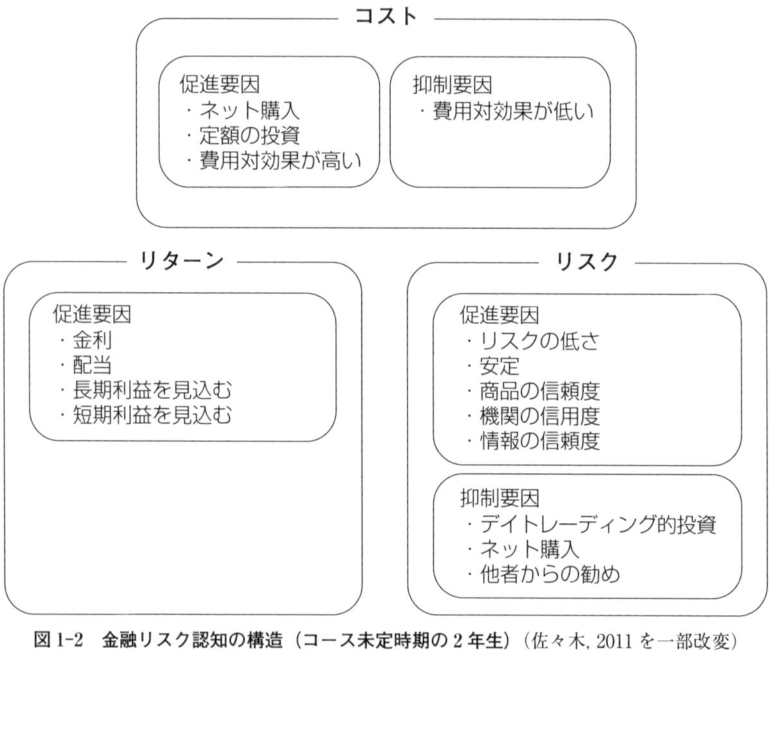

図1-2　金融リスク認知の構造（コース未定時期の2年生）（佐々木, 2011を一部改変）

[3] 結　果

1) 金融商品のリスク認知

コース未定時期2年生の集団討議の書き起こしデータおよび金融・保険コース3年生の集団討議の書き起こしデータについてKJ法による内容分析を行った。その結果，両者ともに「リスク」「リターン」「コスト」の3つのカテゴリーに分類された（図1-2および図1-5)。これらリスク，リターン，コスト，それぞれのカテゴリーに共通だったのは，金融商品の購入を促進すると考えられる要因と金融商品の購入を抑制すると考えられる要因である。これら金融リスク認知の3カテゴリーは，原田（2003）の10のリスクと比較すると，実際に認知されているリスクについては，かなり単純な認知構造が見出されたといえる。

次にコース未定時期2年生の金融リスク認知構造（図1-2）と金融・保険コース3年生の金融リスク認知構造（図1-3）の構造を比較検討する。まず3

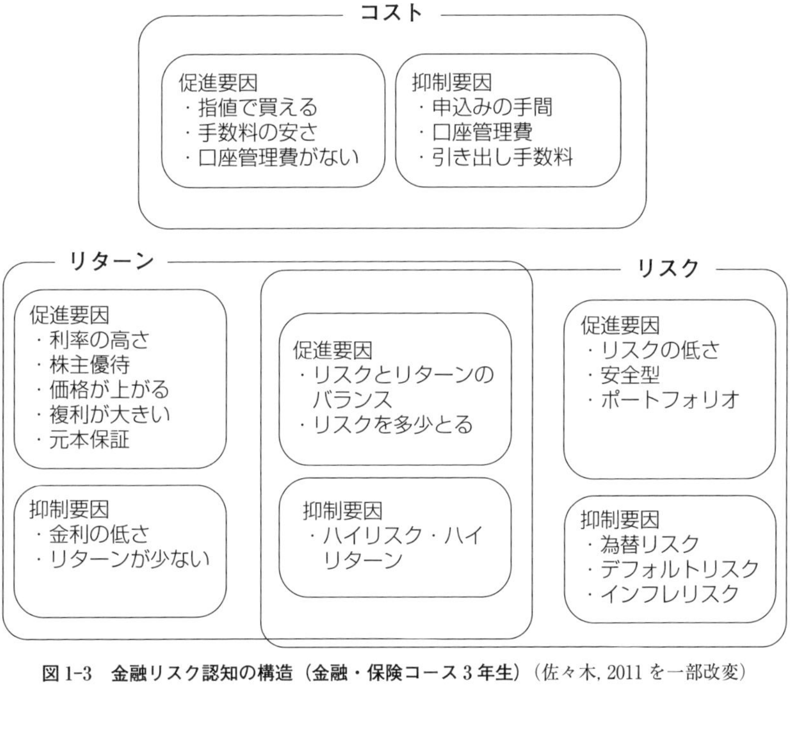

図1-3　金融リスク認知の構造（金融・保険コース3年生）（佐々木，2011を一部改変）

つのカテゴリーの関係性の違いが挙げられる。コース未定時期2年生の認知構造では，リスク，リターン，コストはそれぞれ独立していると知覚されていた(図1-2)。これに対して金融・保険コース3年生の認知構造では，コストは独立していたが，リスクとリターンが交わる部分が見出された（図1-2)。リスクとリターンの交わる部分では，金融行動の促進要因「リターンとリスクのバランス」「リスクを多少とる」があり，逆に抑制要因としては「ハイリスク・ハイリターン」が挙げられていた（図1-3)。

リターンについてもやはり両グループ間で構造が異なっていた。リターンのみの部分で，コース未定時期の2年生は，金融商品購入の促進要因として「金利」「配当」「長期利益を見込む」「短期利益を見込む」だけが得られたが，金融・保険コースの3年生の認知では，促進要因「利率の高さ」「株主優待」「株価の上昇」「複利の大きさ」「元本保証」だけでなく，金融商品購入の抑制要因として「金利の低さ」「リターンの少なさ」が挙げられた。ここからコース未定時期2年生の場合は，リターンについて討論すると利益が得られることだけを取り上げるが，金融・保険コースの3年生は，投資しても利益が得られないことについても言及していたことがわかる。

コストについては，両者ともに促進要因と抑制要因が見られたが，コース未定時期の2年生の場合の抑制要因（費用対効果が低い）は1つだけで，金融・保険コース3年生が議論した抑制要因（申し込みの手間，口座管理費，引き出し手数料）の方が多くのトピックが出され，かつ具体的であった。また，コース未定時期の2年生が挙げたコストの促進要因（インターネットでの購入，定額投資，費用対効果の高さ）よりも，金融・保険コースの3年生の取り上げた促進要因（指値で買える，手数料の安さ，口座管理費がないこと）の方が実際に金融商品の購入の際の具体的なコストを挙げていた。

リスクについては，重なりのない部分では両者ともに促進要因と抑制要因が議論された。コース未定時期2年生も金融・保険コース3年生も共に促進要因（リスクの低さ，安定性）を挙げていたが，コース未定時期2年生は促進要因として商品の信頼度・機関の信用度・情報の信頼度を挙げ，金融・保険コース3年生はポートフォリオを挙げていた。ここでも金融・保険コースの3年生はリスク分散を念頭に置いて金融商品の購入を検討することがうかがえる。

またコース未定時期２年生のリスクの中で，金融商品購入の抑制要因（デイトレード的投資，インターネットでの購入，他者からの勧め）には，投資について抱く印象や社会的評価や他者の影響が垣間見える。それに対して金融・保険コース３年生の抑制要因（為替リスク，デフォルトリスク，インフレリスク）は，経済的な指標が確立しているリスクについて議論していた。

ここからは，金融の知識が豊富な３年生の方が金融の知識を専門的に得ていない２年生よりもリスクとリターンを関連づけて捉えることができ，より複雑な金融リスク認知の構造を持っていることがうかがえる。

2） 金融商品に伴うリスク以外の購買促進・抑制要因

これまで，金融商品に伴うリスクそのものの分類を検討したが，金融リスクの周辺でリスクの知覚に影響すると思われるカテゴリーが見出された。それは，個人的要因，社会的要因，情報要因である（図 1-4 および図 1-5 参照）。

個人的要因には，金融商品を購入する際に見込まれる損益の責任や，金融商品を購入する経済的な能力，さらに金融商品を購入することで生じる購入者への影響が挙げられた。

社会的要因としては，金融商品の販売者である企業のネームバリューという金融関連業者の社会的評価や，金融商品のリターンが生じるかどうかのもととなる金利，株安などの金融商品の価格決定に関わる社会的要素，さらに金融市場の世界的状況としてサブプライム・ローンの問題，金融不安の問題が取り上げられていた。

情報要因としては，金融商品の情報そのものとして IR 情報や格付けが見られた。それらを得る媒体として，会社四季報やネットの情報などが挙げられていた。また，対面販売については，ネット販売よりも断りにくいなど，媒体の比較も行われていた。

これらの金融リスク以外の個人的要因と社会的要因については，コース未定時期２年生と金融・保険コース３年生の間で，それほど大きな差は見られなかった。情報要因においてのみ，コース未定時期２年生は（ネット情報，口コミ，格付け），金融・保険コース３年生では（対面販売，インターネットでの情報，会社四季報，IR 情報，企業分析，格付け）などが挙げられており，金融・

保険コース3年生の方が，金融専門の情報や情報誌が意識されていることが示唆された（図1-4および図1-5参照）。

3）各カテゴリーの関係と金融商品の購買行動

これまで金融商品のリスク認知の構造，およびリスク認知に関わる周辺的要因として6カテゴリーに分類された。すなわち，金融リスク認知次元がリスク，リターン，コストで構成され，金融リスク認知の周辺次元が個人的要因社会的要因，情報要因と分類された（図1-4および図1-5）。では，これら6カテゴリーの相互の関係性はどのようなものであるのか。これをカテゴリーの中に分類された発言内容を検討して構造化していく。

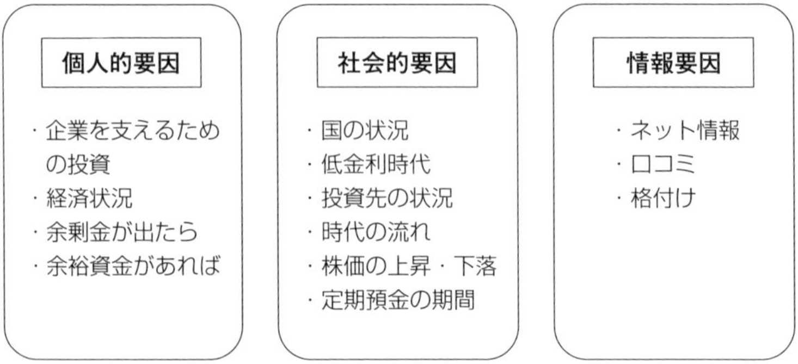

図1-4　金融リスク認知に影響する周辺的要因（コース未定時期の2年生）（佐々木，2011を一部改変）

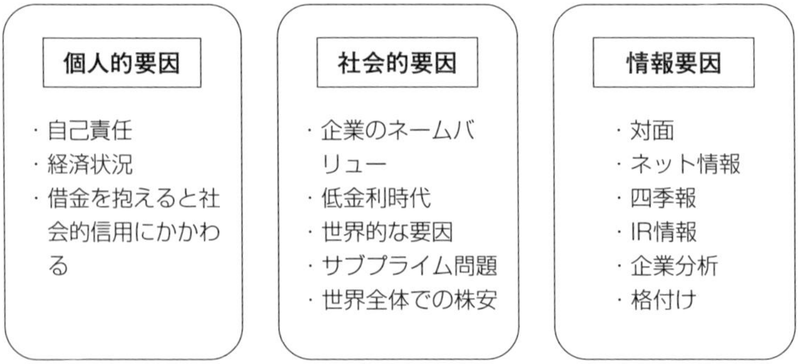

図1-5　金融リスク認知に影響する周辺的要因（金融・保険コース3年生）（佐々木，2011を一部改変）

まず，金融商品について検討する際に，もっとも初めにネックとなるのは，購入する経済力があるかどうかであろう。また，経済力があったとしても，金融商品を購入する場合に負うことになる責任，すなわち損するかもしれないし得するかもしれないというリスクに対する責任が負えそうになければ，金融商品に関心を持たないだろう。つまりこうした金融商品購入のための個人的条件が整わなければ，金融商品について知ろうとも思わないであろうし，金融商品のコストやリスク・リターンを考慮することはないだろう。したがって，金融商品のリスクを認知して購入を検討するというプロセスにおいて，個人的要因が起点になると考えられる。個人的な金融商品購入の条件がそろったとき，人は金融商品の情報を集めようと動機づけられるだろう。

他方，社会的要因であるが，たとえば世界的な金融不安や株安，急激な為替の変化などが生じた直後などは，それらがわれわれの記憶に根深く残る。この記憶がその後の金融商品のリスク・リターン，あるいはコストの判断に影響を及ぼすことは想像に難くない。また，企業のネームバリューなどは，情報を判断するうえでのヒューリスティックとして働くと考えられる。このことから，社会的要因もまた情報要因に影響すると考えられる。

人は，リスク，リターン，コストを判断する時，情報要因をもとに判断するであろう。したがって，情報要因からリスク，リターン，コストに影響を及ぼすパスが想定される。リスク認知の構造（図 1-2，図 1-3）の解説の部分でも述べたが，リスクとリターンは相互に共有部分をもちながら関連し，コストはこれらと独立している。したがって，リターンとリスクの間には共変関係が想定される。

これらの金融リスク認知の構造およびその周辺要因は，最終的にその金融商品を購入するのかどうか，という金融商品への態度や購買行動に結び付いていくと考えられる。金融商品とは多少認知構造は異なると思われるが，林(2008) は，リスク認知から保険商品の購買行動に至るプロセスとして，

リスク認知⇒生活保障ニーズ⇒保証への欲求⇒生活保障手段⇒生命保険購入

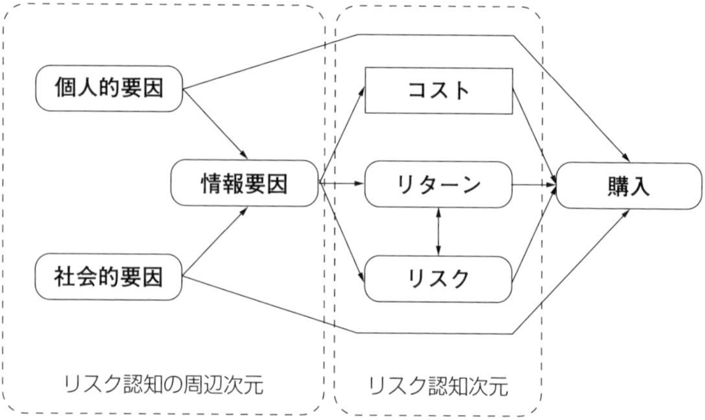

図1-6　金融商品購入決定モデル（佐々木，2011を一部改変）

という段階を想定している。金融商品の場合も，商品のリスク認知が購入に影響を及ぼすことは確かであろう。これをわれわれが金融リスクの認知構造を集団討議データにより明かにしてきた構造（図1-2および図1-3）と，構造の位置づけや各カテゴリーの関連性を考慮すると，金融商品の購入決定モデルが立てられる。

林のモデル（2008）では，リスク認知は商品購入の最初の起点であり，他の保険の欲求や集団との関係は，一直線上のモデルが想定されている。しかし，われわれの金融商品に関するリスク認知の構造分析では，リスク認知次元は3つのカテゴリーに分類され，リスクの周辺の次元も相互に関連して金融商品を購入するかどうかという動機の決定に結びつくと思われる。

先の分析から，個人的要因と社会的要因が情報要因に影響し，情報要因がリスク認知の各カテゴリーに影響すると考えられる。一方で，金融商品の購入を促進する要因，抑制する要因は，それぞれのカテゴリーに存在した。したがって，6のカテゴリーから直接金融商品購入に至るパスが想定される。

これらのことから，佐々木（2011）は図1-6のような金融商品購入決定モデルを導入した。このモデルは，それぞれの社会生活を送る個人が，金融商品の情報をどのように処理し，金融商品のリスクをどのように認知し，最終的に金融商品の購買に至るのかどうか，という心理学的過程を表すものである。

[4] 考　察

本節では金融リスクの特殊性に着目し，金融リスクの認知構造を心理学的に明らかにすることを目的としていた。金融リスク以外の分野のリスクは，現状から比較して何らかの害が及ぼされる可能性とその予想される結果を射程範囲としていた。しかし，金融リスクに関しては，金融商品の価値変動が下落だけでなく上昇も視野に入れなくてはならないため，将来の損害だけではなく得をする可能性も含まれるという例のリスクにはない特性があった。

こうした金融リスクの特性を計算式で表すことはこれまで経済学の分野で長年行われてきたことであった。しかし，リスク計算などの客観的指標は，一般的に人がリスクを評価し判断する際には，ほとんど用いられていない可能性があった。というのもリスクの認知において，専門家と一般消費者の間で不一致が見られることが多くの研究で示されてきたからである。したがって，金融商品を購入したりしなかったり，あるいは興味を持ったり毛嫌いしたり（接近-回避）という金融商品への態度は，一般消費者の金融リスクの認知構造を明かにしなければ検討することは難しいと思われた。本研究では，金融商品の特殊性を踏まえて金融リスクの構造を一般消費者に対する調査を行うことにより，金融商品への態度を検討しようと試みた。

金融リスクの構造を明かにするために必要なのは，一般消費者の金融リスクについてどのような認識をもっているかを実態調査することであった。そのため本研究では，ある程度金融に関して知識のある金融学を学ぶ学生を被調査者として，集団討議型のインタビューを行った。集団討議は自由に金融リスクについて話し合うのではなく，あらかじめ理論的に想定された金融商品の知覚リスク（原田, 2003）を用いた司会者の質問に沿って行われた。

集団討議の発言を録音して書き起こし，言語データをKJ法で内容分析した結果，金融商品に関するリスク認知の構造は，かなりシンプルなカテゴリーで構成されることが明らかになった。すなわち，リスク，リターン，コストの3カテゴリーであった。これらのうち，コストは独立でリスクとリターンは金融・保険コース学生の認知の中では共変関係にあり，コース未定時期学生の認知では独立であることも内容分析から示された。このことは，これまで難解な数式で示されてきた金融リスクが，人にはたった3つのカテゴリーでしか認知されていないという証になったといえる。

リスクを分散で表すという方式は，個人的には非常に明快でわかりやすいと考えている。しかし，金融の知識が少ない人は，金融商品のリスクを評価し判断する場合，いちいち過去数か月あるいは数年のデータを集めて計算することはしないことがうかがえた。金融リスク判断の心理学的プロセスとは，思っているほど複雑な処理はできないのかもしれない。

また，本研究では，リスク認知構造だけでなく，リスク認知の周辺次元が確認され，リスク認知に関連する複数のカテゴリーが見出された。これらの中には，金融不安の要素となるサブプライム・ローンによる金融機関の破綻事件や，低金利時代を反映するデータが得られた。

人がそうした金融リスクそのものよりも，社会で生じた金融の事件に影響を受けて投資を控えてしまうというのは，人のリスク判断がリスクの周辺次元に引っ張られているからかもしれない。その意味でも，本研究においてリスク認知の単純な構造が明らかになり，さらにリスク認知の周辺次元との関係性が検討されたことは意義深いことと思われる。すなわち，本研究の意義は，客観的に数値で示されたリスクだけではなく，リスク認知とその周辺次元が単純な構造として明かにされたことである。

リスク認知の構造を明かにしたことで，それぞれのリスクに関わるカテゴリー間の関係性が明確になり，またリスク認知の周辺次元がリスク認知にどのように関わり，最終的に金融商品への購入意思の決定に至るプロセスを提唱した。これは，金融リスク認知と金融商品の購入の意思決定との関連をある程度概念的に示すことができたという点で意義があると思われる。

本研究の結果は，金融リスクを知覚し，金融商品の購買行動に影響する心理的プロセスを解明する第一歩となったのではないだろうか。ただし，今回の研究は，金融リスク認知を実証的に捉えるための第一段階である。集団討議のデータの内容分析を行ってはいるが，果たしてこの内容分析によって見出された金融リスクの認知構造が，この集団討議に参加した以外の人々にも汎用性があるのかどうかは疑問が残る。今後，本研究結果に示されたリスク認知の構造を一般化するためには，計量的な心理尺度を作成する必要がある。

また，今回の集団討議は学生のみのデータを示しただけであったが，社会人を対象とした集団討議グループのデータとの比較検討を行い，さらにモデルを精査していかなければならない。学生のデータでは，金融認知の構造として，リスク，リターン，コストの３つの要因が見出され，金融の専門コースの教育を受ける学生と専門教育をまだ受けていない学生の認知構造が異なっていた。次節では社会人を対象に同じ手法で金融認知構造を明らかにするが，その際，実際に金融関係の企業に勤務する社会人と，非金融業種に勤務する社会人の比較を行い，専門家と一般消費者の認知ギャップについて明らかにしていく。

3. 金融専門家と一般消費者の金融認知構造

[1] 目　的

本節の目的は，前節で明らかになった金融リスクの認知構造について，金融専門家と一般消費者の間でどのような違いがあるかを実証的に明らかにすることである。この金融リスク認知構造を明らかにすることによって，金融リスクをどのように心理的に測定するかの基礎的データにすることを目的としている。金融リスクは，主に価格をもとに分散を計算することで研究されてきた。しかしながら，金融の専門家の金融リスクへの理解と一般消費者の金融リスクへの理解は異なっていることが指摘されている（Vlaev, Chater, & Stewart, 2009）。前節で示したように，大学生を対象として金融リスクについてインタビューの内容分析を行った結果，前節のように金融リスクの認知地図が得られた（図1-2，図1-3）。具体的には，金融リスク認知は，リスク，リターン，およびコストで構成されていることが示された（佐々木, 2011）。

これらの前節の研究では，金融・保険コースの３年生では，コース未定時期２年生よりも多くの金融の知識を持ち，コース未定時期２年生は異なる金融認知を持っていた。前節の学生のデータのように，専門的教育を受けた学生とは異なり，一般消費者の場合，計量された金融リスクを無視して，主として知覚されたリスクに基づいて投資の判断をしているのかもしれない。だとすると，一般消費者の金融リスク認知は，投資行動の意思決定において重要な要因となっていると推察される。

本節の研究では，一般消費者の金融リスク認知と金融専門家の金融リスク認知を詳細に比較検討することを目的としている，研究の手法としては，前節と同様の手続きで金融リスクについての集団討議の書き起こしデータを内容分析することで，金融リスク認知の構造を明らかにしようとするものである。前節の研究では，研究の参加者は学生であった。学生の場合，所得を得ていないため実際に金融商品の購入経験がない学生も多い。そのため，得られた認知構造が一般の社会人が持つものと同様なのかどうかの疑問が残った。そこで今回は社会人を対象とし，さらに社会人を金融専門家グループと一般消費者グループに分けて集団討議を行い，内容分析を実施するものである（Sasaki et al., 2013）。

［2］方　法

本研究では，6人の社会人に対し，金融商品と関連する金融リスクについて集団討議を求めた。調査の参加者は，Eメールで募集され研究の目的を告げられ，自発的に参加した。参加者は，一般的消費者のグループまたは金融専門家のグループに割り当てられた。金融専門家のグループには，銀行または証券会社に勤務する3人が属し，一般消費者のグループには，金融会社や金融の部門に勤務していない社会人3人が属した。一般消費者のグループは男性1名女性2名で（平均年齢42.0歳，SD = 13.00），金融専門家グループは男性1名女性2名のグループであった（平均年齢35歳，SD = 11.36）。訓練された司会者が，各グループの参加者に金融商品と金融リスクについて議論するよう求めた。議論の進め方は，前節の学生の集団討議の手続きと同様に行われた（佐々木，2011）。各グループの集団討議の内容は参加者に許可を得たうえで録音された。録音された発言のうち，金融リスク認知，投資のコスト，投資から期待されるリターンに関する発言内容についてKJ法により内容分析を行った。

［3］結　果

1）2次元5因子の認知構造

筆者ら（Sasaki et al., 2012）は，KJ法を用いて集団討議の発言について内容分析を行った。内容分析は，一般消費者のグループおよび金融専門家グループのそれぞれについて行われた。その結果，金融商品への投資の意思決定は，

5つの要因に基づいて行われていることが示された（図1-7，図1-8）。これらの要因は2つの次元に分類できた。すなわち，社会的・個人的次元と金融リスク認知次元であった。これらは，学生を対象とした集団討議の分析でも見出された要因で構成されていた（図1-4，図1-5）。学生の集団討議で見られた情報要因は，社会人の集団討議では見出されなかった。

2) 社会的・個人的次元

社会的・個人的次元のうち社会的要因は，社会的な環境から生じる出来事で，景気の状況や金利などの金融政策などがそれに相応する。個人的要因は，金融商品の購入に必要な資金，知識，経験，家計の配分や職務上の投資の制限などの個人に依拠する金融行動に影響する要因である。

学生と社会人を比較すると，社会的要因については，コース未定時期の2年生と一般消費者の認知構造にはあまり違いは見られず，いずれも経済状況や金融機関について言及されていた。これは金融・保険コース3年生の認知構造と社会人の金融専門家グループの認知構造でも大きな差は見られなかった。

一方，個人的要因において学生の認知は，資金の問題や社会的信用といった大枠を捉えたものが多く，経験に基づかないタラレバの知覚であり，イメージが先行しているように思われた（図1-4および図1-5）。社会人の一般消費者グループの場合は，資金の不足や知識の限界，経験不足など切実な内容となっていた。社会人の金融専門家グループの場合は，職務上の投資の制限が挙げられていた。これは，日本では証券会社や銀行に勤務する場合，株式に投資するのが禁じられたり，投資の計画や記録を上司に報告する義務を負ったりするからである。他にライフサイクルが挙げられており，実際に社会人としての職務や家族の扶養の問題などが関わってきていた。また，実際の経験についての言及も多く，実践的な認知構造が見出された（図1-7）。

3) 金融リスク認知次元

① 社会人と学生の比較　社会人の金融リスク認知次元は，金融専門家グループでは金融リスク，リターン，コストの3つの要因（図1-8）一般消費者グループではリターン，リスクの2要因で構成されていた（図1-7）。これは第

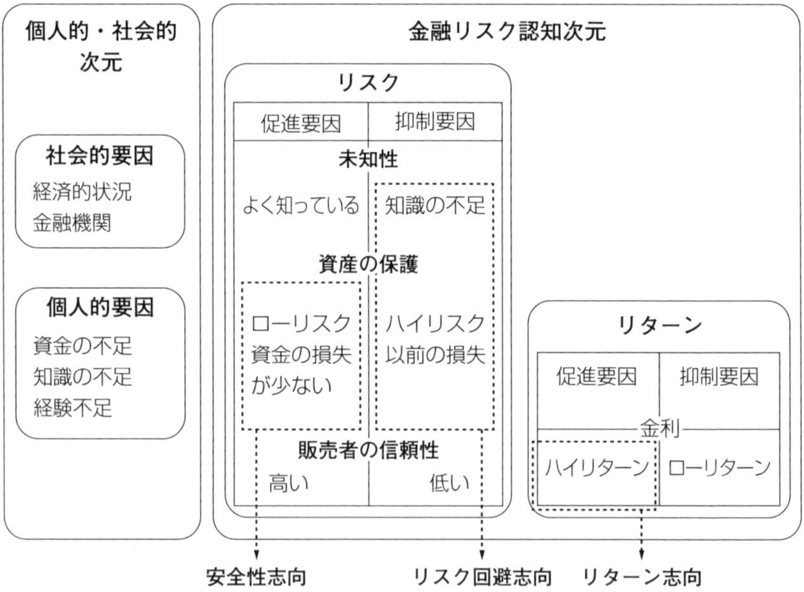

図1-7　一般消費者グループの金融認知構造（Sasaki et al., 2013を一部改変）

2節の学生の金融リスク認知次元の内容分析の結果と金融専門家グループでは一致しており（図1-7），学生の場合でも社会人の場合でも，金融リスク認知次元は同様の構造が再現されたといえる。

しかし，一般消費者グループの金融認知次元には，コストの要因が現れなかった（図1-7）。また，学生の金融リスク認知次元では，金融専門家のグループでも一般消費者のグループでも，この集団討議では金融商品購入の際に計量的な金融リスク指標についての言及はほとんど見られなかった。金融専門家のグループでは，むしろ購入した商品についての比較や評価についての言及が多く，実践に基づいた認知構造がうかがえた（図1-8）。

②　一般消費者と金融専門家の金融リスク認知次元　ここからは，金融リスク認知次元の構造について詳細を検討する。まず構造の違いとして，一般消費者グループと金融専門家グループでは，金融リスク認知次元を構成する要因が違っていた。金融専門家グループでは，リスク，リターン，コストの3要因

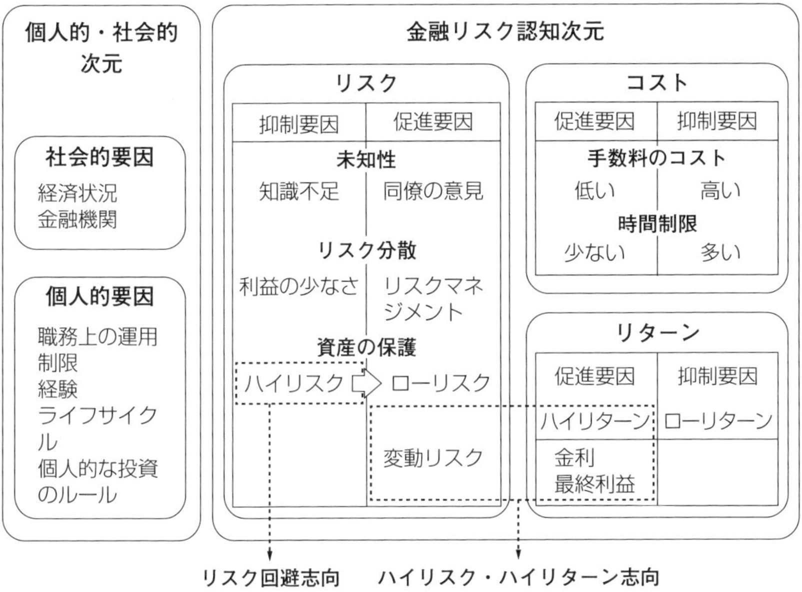

図 1-8 金融専門家の金融認知構造 (Sasaki et al., 2013 を一部改変)

が認知構造の中に見出されたが，一般消費者グループでは，コストが現れずリスクとリターンのみが見出された。これは一般消費者が，金融商品の購入を検討する際にコストをあまり考慮していないことを示唆する（図 1-7）。ただ，学生のコース未定時期の 2 年生の認知構造にはコストも見出されていたため，これが一般化できるわけではないかもしれない。今回の一般消費者グループ参加者が全員金融商品の購入経験がなかっただけかもしれない。この違いについては，サンプルの選び方によって生じたバイアスの可能性もある。これについては第 2 章で別の心理的測定法を導入して改善を試みたい。

一方，金融専門家グループのコスト要因では，手数料の高さが金融商品購入への抑制要因であり，手数料が低いと逆に促進要因となるとされている。また，時間の制限についても時間がかかると抑制要因となり，時間がかからないと促進要因となるとされている（図 1-8）。

リスクとリターンの関係性については，一般消費者グループではリスクとリターンは独立しており，これは，学生のデータにおいて，コース未定時期の2年生と一般消費者が同様の認知構造であった。金融専門家グループではリスクとリターンは重なる部分が見られ。金融・保険コース3年生の認知構造と金融専門家グループの認知構造が同様であった。

リターンの要因については，一般消費者グループも金融専門家グループも同様に，金融商品の購入を抑制が働くのがローリターンで，金融商品の購入を促進するのがハイリスク・ハイリターンである。特に金融専門家グループでは，ハイリスク・ハイリターン以外に金利や最終利益の高さが金融商品購入を促進していた。

リスクについては，一般消費者グループと金融専門家グループと共通しているのが「未知性」と「資産の保護」であった。一般消費者グループでは，未知性の要因において，知識が不足していると金融商品購入を抑制する要因となり，知識が豊富であると促進する要因となっていた。金融専門家グループでも「未知性」の知識の不足は抑制要因となっていたが，同僚の意見が促進要因となっていた。

資産の保護に関しては，ハイリスクが金融商品への投資を抑制する要因となっており，これがリスク回避志向につながると考えられた。このリスク回避志向については，一般消費者グループも金融専門家グループも共通していた。ところが，同じ「資産保護」において，ローリスクは，両者で逆の方向性を持っていた。すなわち，金融専門家グループでは，ローリスクは金融商品購入の抑制要因になっていたが（図1-8），逆に一般消費者グループではローリスクは資産の損失が少ないことから，金融商品の購入の促進要因となっていた。これは一般消費者の間では安全志向が強いことを示している（図1-7）。

リスク要因の中で，一般消費者グループのみ見受けられるのは，「販売者の信頼性」の要因であった。販売者の信頼性が高ければ，金融商品購入の促進要因となり，信頼性が低ければ金融商品購入の抑制要因となっていた。

金融専門家グループだけに見られるリスク要因としては，「リスク分散」が挙げられる。利益が少ないものは金融商品の購入が抑制され，リスクマネジメントを行うことで金融商品の購入が促進されることが示されている。

また，リスクの中で1つだけリターンと関わっているものとして，変動リスクが挙げられる。変動リスクは，金融専門家グループの中では，金融商品購入の促進要因となっている。これは短期利益をとるためと考えられるが，ハイリスク・ハイリターン志向に向かうものと位置づけられる。

[4] 考　察

本章では，一般消費者と金融専門家の金融に関する認知構造を明らかにし，金融専門家／一般消費者認知ギャップを図解で示した。方法としては金融リスクに関して社会人のグループ（金融・証券の企業に勤める社会人グループと非金融企業に勤める社会人のグループ）に集団討議を求め，録音した発言についてKJ法によって質的解析を行った。

一般消費者グループと金融専門家グループの認知ギャップは大きく，金融専門家グループが，潜在的なリターンと損失のリスクの間のバランスをとってリターンを得るためにリスクを取ろうとしていたが，一般消費者グループは，リスクとリターンを別々に捉え，リスク回避ばかりして資産を守ろうとしていた。つまり，一般消費者は リスク回避志向 が強いと考えられた。

またリターンについての知覚では，一般消費者の方は，主にリターンの高さが金融商品購入への促進要因として働き，リターン志向を産んでいることがうかがえた。それと対照的に，金融専門家のリターン認知は促進要因も抑制要因もほぼ同等に知覚していた。ハイリターンにはリスクを取ることを想定しており，ハイリスク・ハイリターン志向 であると考えられた。また逆にリターンが低いと金融商品購入への動機づけが下がる傾向も見られた。

一般消費者と金融専門家の間で，もっとも金融認知で異なる部分はコスト知覚だった。社会人のデータにおいて，金融商品購入の際に，一般消費者がコストをあまり考慮しておらず，金融専門家は手数料や時間の制限を気にするという コストを意識 していることが対照的であった。

さらに特筆すべきことに，一般消費者においては主として証券会社や銀行など販売者の信頼性が金融商品の購入の意思決定に影響することがうかがえた。これは，説得の心理学で古くから研究されている 信憑性の影響 が金融行動においても生じることをうかがわせる。信憑性（credibility）には専門性（expertise）と信頼性（trustworthiness）があり，専門家からの情報や信頼できる誠実な情報には説得されやすいとされる（Hovland & Weiss, 1951）。金融行動でも同様の心理過程が予想される。

こうした点を考慮すると，一般消費者はリターンがそれほど高くなくても，金融リスクが低いと投資を動機づけられる，つまりローリスクで動機づけられる安全性志向が強く，ハイリスクで投資が抑制されるリスク回避志向が強いと考えられる。こうした金融行動における行動の傾向が，具体的にどのような認知や態度によって支えられ形成されるのかは，この内容分析による質的分析だけでは十分に明らかにすることができない。

本研究では，わずか6名の参加者の集団討議やインタビューデータを解析しただけに過ぎない。この質的解析から明らかになった一般消費者のリスクやリターンの認知傾向と金融行動のプロセスと，金融専門家のリスク，リターン，コストの認知とそれらに基づく金融行動のプロセスを明らかにしていくためには，量的分析を用いて数百数千の参加者のデータを得て汎用性の高い尺度を開発していく必要があるだろう。

こうした観点から，本章で行った質的解析の結果に基づいて，第2章では金融行動のプロセスを測定する心理尺度を作成する。尺度には，第1章で得られた金融認知構造のそれぞれの次元（個人的・社会的要因／金融認知次元）や金融行動の傾向（リターン志向，リスク回避志向，ハイリスク・ハイリターン志向，安全性志向，コスト意識，信憑性）を反映した項目を作成し，多くの調査対象から得られたデータによって尺度の妥当性を検討し，モデルを検証していく。したがって，第2章からは量的解析によって金融行動を研究していく。

【引用文献】

Bennett, P., & Calman, K. (1999). *Risk communication and public health*. Oxford, UK: Oxford University Press.

Brunsø, K., Verbeke, W., Olsen, S. O., & Jeppesen, L. F. (2009). Motives, barriers and quality evaluation in fish consumption situations: A comparison between heavy and light users in Spain and Belgium. *British Food Journal, 111*, 699-716.

Duxbury, D., & Summers, B. (2004). Financial risk perception: Are individuals variance averse or loss averse? *Economic Letters, 84*, 21-28.

原田 祐介 (2003). 金融商品への関与と知覚リスクが金融商品選択に与える影響 *JILI FORUM, 12*, 100-110.

林 晋（2008）．生命保険需要の変化　田村 祐一郎・高尾 厚・岡田 大志（編著）　保険制度の新潮流（pp. 97–110）　千倉書房

Hovland, C. I., & Weiss, W. (1951). The influence of source credibility on communication effectiveness. *Public Opinion Quarterly, 15,* 635–650.

池田 三郎・盛岡 通（1993）．リスクの学際的定義　日本リスク研究学会誌, *5,* 14–17.

釜江 廣志・北岡 孝義・大塚 晴之・鈴木 喜久（2004）．証券論　有斐閣

金森 久雄・荒 憲治郎・森口 親司（2009）．経済学辞典（第 4 版，p. 207）　有斐閣

Kaplan, S., & Garrick, B. (1981). On the qualitative definition of risk. *Risk Analysis, 1,* 11–27.

吉川 肇子（2007）．リスク・コミュニケーション　今田 高俊（編著）　リスク学入門 4 社会生活から見たリスク（pp. 127–147）　岩波書店

丸茂 俊彦（2010）．証券化と銀行組織の経済機能　社会科学, *40*（通巻 87 号）, 21–52.

中谷内 一也（2003）．環境リスク心理学　ナカニシヤ出版

日本証券業協会（2012）．平成 24 年度　証券投資に関する全国調査（個人調査）〈https://www.jsda.or.jp/shiryoshitsu/toukei/data/research_h24.html〉

日本証券業協会（2015）．平成 27 年度　証券投資に関する全国調査（個人調査）．〈https://www.jsda.or.jp/shiryoshitsu/toukei/data/research_h27.html〉

日本証券業協会（2018）．平成 30 年度　証券投資に関する全国調査（個人調査）．〈https://www.jsda.or.jp/shiryoshitsu/toukei/data/research_h30.html〉

日本証券業協会（2021）．2021 年度　証券投資に関する全国調査（個人調査）．〈https://www.jsda.or.jp/shiryoshitsu/toukei/data/20211228150914.html〉

Pieniak, Z., Verbeke, W., Vermeir, I., Brunsø, K., & Olsen, S. O. (2007). Consumer interest in fish information and labelling: Exploratory insights. *Journal of International Food and Agri-buisiness Marketing, 19,* 117–141.

佐々木 美加（2011）．金融リスクの認知構造に関する心理学的研究：集団討議データの内容分析から　明治大学教養論集, *462,* 47–65.

Sasaki, M., Nakabayashi, M., Okubo, S., Inaho, S., Komatsubara, A., & Kawabata, D. (2013). Comparing the attitudes of consumers and financial experts towards financial products. *Tohoku Psychologica Folia, 72,* 1–6.

Tversky, A., & Kahneman, D. (1981). The framing of decisions and psychology of choice. *Science, 211,* 453–458.

Vlaev, I., Chater, N., & Stewart, N. (2009). Dimensionality of risk perception: Factors affecting consumer understanding and evaluation of financial risk. *Journal of Behavioral Finance, 10,* 158–181.

＊1　本研究は，科学研究費補助金・基盤研究（C）（課題番号 22530682　研究代表者：佐々木美加）を受けて行った。

＊2　本研究は，明治大学商学部・佐々木美加ゼミナールのプロジェクトの一環であり，佐々木の指導の下ゼミ員が共同してデータを分析し，論文（Sasaki et al., 2013）にまとめた。

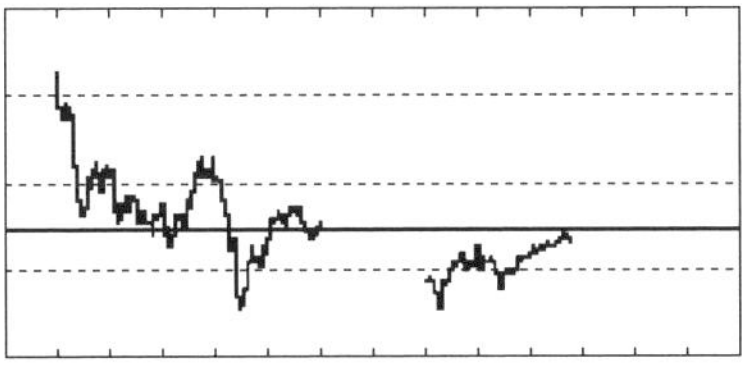

第２章　金融行動の心理測定と金融心理尺度の開発

第 2 章
金融行動の心理測定と金融心理尺度の開発

第 1 章では，金融リスクと金融商品の購入についての集団討議の内容分析を行い，金融認知の構造を図解で明らかにした（図 1-2～図 1-5，図 1-7，図 1-8）。金融リスクの認知は実在しているリスクをそのまま認知しているのではなく，独自の認知構造の中で位置づけられていた。金融認知構造の中では，金融リスクへの態度として「安全性志向」「リスク回避志向」「ハイリスク・ハイリターン志向」「コスト意識」「信憑性」というカテゴリーが見出された。本章では，これらの金融への認知・態度特性を量的に測定するための金融心理尺度を開発する。

1. これまでの金融行動の心理学的測定

［1］ 金融行動の心理過程

第 1 章では，集団討議データの内容分析から，金融リスク認知次元において「安全性志向」「リスク回避志向」「ハイリスク・ハイリターン志向」「コスト意識」「信憑性の影響」という金融リスク認知の要因が見出された（図 1-2，図 1-3）。また，金融リスクの周辺次元が見出され，それぞれ「個人的要因」と「社会的要因」が見出されている（図 1-7 および図 1-8）。本章では，第 1 章で得られた金融リスク認知次元およびその個人的・社会的次元について，集団討議データから質問項目を作成し，金融行動に関する心理尺度の開発を行う。心理尺度を作成すれば，誰もが質問紙に回答することで，回答者の金融行動の特性を数値化することができる。その中には，日本人の貯蓄志向を支える特性もあるだろうし，その真逆のハイリスク・ハイリターン志向等の金融行動の特性も数値化することができる。このような方法で金融行動の心理過程を量的に測定し量的な分析を可能にする尺度の開発を試みる。

金融行動に関する心理尺度開発を行う前に，金融行動やこれに類する行動についての態度測定のこれまでの研究についてレビューを行う。金融行動は個人単位の金融を行うことであり，個人が家計の資金を融通して運用する行動である。ごく一般的な経済行動の１つであるにも拘わらず，心理学の分野では，消費行動ばかりが研究され，金融行動はこれまでほとんど研究対象とされてこなかった。本書では部分的に金融行動の解明を試みた研究を紹介するが，それらには共通した方法が見られる。非常に単純化して述べると金融に対する態度測定を行い，金融への態度をタイプ分けすることである。

金融行動なのだから，投資するかしないか，投資するならどのような金融商品を選ぶのか，投資しないのならばどのような貯蓄性商品を選ぶのか，という選択肢で調べればいいと思うかもしれない。しかしそれは金融行動の結果であり，しかも金融行動という無限の可能性を秘めた行動を，現存する金融制度や金融商品という枠組みの中のいずれかに着地したところだけを見ていることになる。つまり枠があったり選択肢が限られているためにそれを選んでいるのであって，その金融の選好の過程を知ることはできない。

金融の選好過程で，人は貯蓄をするか投資をするか悩んだり，投資をするならどういう金融商品を選ぶかを悩むだろう。そうした過程を経たうえで，最終的に１つの金融商品を選択する（あるいはいずれも選択しない）のである。人が投資をしたり貯蓄をするなどの金融行動に至るまでには，投資に対して積極的なのか，あるいは忌み嫌っているのか，貯蓄が好きなのか，安心するのか―そうした金融に対する態度が影響する。こうした過程について，金融行動に至る前の金融への態度を分類し，態度測定し尺度化する心理学の方法を援用する。

態度測定の尺度開発は多種多様な社会的行動に対して行われてきた。しかしながら，これまで金融行動に関する態度測定の心理尺度の研究は少ない。次節では，数少ない金融への態度測定尺度の心理学的研究を紹介し，金融行動を捉えるうえでの問題点を指摘する。これを踏まえたうえで，われわれが開発した金融心理尺度について紹介する。

［2］金融行動に関連する心理尺度

1)「お金」という概念に関する心理尺度

心理学者は，質問項目で人のこころの状態や態度を測定する心理測定尺度を，多数開発してきたが，これまで金融行動に関する心理測定尺度の研究は少ない。日本における金融行動に関する心理尺度としては，「お金に対する態度尺度」（原岡, 1990）と「大学生用お金に対する信念尺度」（渡辺, 2014）が挙げられる。これらの研究では，日本語の「お金」という概念が中核にあるという特徴がある。「お金」ということばは，マネー（Money：貨幣）と金融（Finance）の両方の概念を含む一般的総称である。そのため，「お金」に関する研究は，貨幣使用と金融行動が混在している。その意味で過去の「お金」に関する心理学的研究は，金融行動を正確に捉えていない可能性がある。

お金に関する心理尺度の1つ「お金に対する態度尺度」（原岡, 1990）は，『Ⅰお金の社会的価値』『Ⅱ社会における諸悪の根源』『Ⅲ社会や人生を狂わせるマネーゲーム』『Ⅳお金の使い方と人生の意義』『Ⅴ金儲けと使用の楽しみ』『Ⅵお金の利用と処世術』の6因子で構成されている（表2-1参照）。

表2-1　「お金に対する態度尺度」の因子構成（原岡, 1990を一部改変）

	因子						
	Ⅰ	Ⅱ	Ⅲ	Ⅳ	Ⅴ	Ⅵ	共通性
Ⅰ　お金の社会的価値（$\alpha = .852$）							
人間は何をするにも先立つものはお金である	.543	.126	.019	.007	.177	−.024	.343
たいていのことはお金で解決できる	.575	.152	−.065	−.139	.047	−.024	.380
お金は人間を評価するものさしである	.409	.005	−.182	−.093	.139	−.126	.244
現代社会では「金の切れ目が縁の切れ目」である	.428	.140	.068	−.017	−.092	.011	.216
お金があれば心にゆとりがもてる	.424	−.032	.014	.112	.011	.050	.209
現代社会ではお金が価値基準となっている	.439	.784	.052	.064	−.032	.061	.210
お金は持っていればいるほど幸せである	.492	.049	−.122	−.033	.288	−.011	.356
社会的付き合いにはお金が必要である	.430	.050	.006	.038	−.052	.207	.261
お金がなければ人は一人前になれない	.512	−.040	.101	.017	.072	.050	.285
お金が現代社会の仕組みを支えている	.421	.164	.076	.177	−.070	.102	.257
お金を持てば持つほど権力が増す	.423	.237	.035	−.021	−.103	.118	.261
お金さえあれば社会を思うように動かせる	.431	.295	−.001	−.189	.056	.003	.311

お金はたくさんあるにこしたことはない	.437	−.088	−.004	.078	.263	.098	.283
お金儲けは生きていくうえで当たり前の活動である	.485	−.062	−.051	.053	.127	.172	.290
どれくらい財産を持っているかで社会的地位が決まる	.525	.109	−.090	−.037	.077	.067	.308
どれくらい収入があるかによって能力が評価される	.500	.019	−.070	−.006	.137	.265	.275
現代社会が何事についてもうまく機能するには，絶対にお金が必要である	.516	.009	.033	.094	.182	.261	.377
お金のある人は，お金のない人より幸福になる可能性が高い	.586	−.032	.010	−.003	.155	.072	.374
地位体系が必要な場合，お金はその適切な基礎となる	.455	.004	−.010	.010	.180	.007	.250

Ⅱ　社会における諸悪の根源（$\alpha = .763$）

世の中に不公平があるのはお金があるためである	.163	.429	.103	.083	.051	.065	.235
必要以上にお金を持つと人の心は醜くなる	−.015	.452	.216	.148	.034	.006	.296
お金は犯罪のもとになる	.015	.458	.094	.121	−.098	.044	.269
お金は人間を惑わす根源である	.045	.535	.184	.121	.013	.193	.337
お金は諸悪の根源である	.062	.712	.152	−.084	−.042	−.026	.544
社会病理的問題は，大部分，お金がもとで引き起こされたり悪化したりするものである	.012	.546	.088	.158	−.034	.092	.354
究極的には，お金は不潔なものか，不潔さを象徴化したものである	−.079	.561	.109	−.044	.457	−.062	.341
理想社会を確立するには，貨幣制度の廃止が前提条件である	−.064	.393	.043	−.082	.011	−.229	.220
お金が関係してくると，何事も汚れたものになる	−.048	.608	.127	.092	.051	.018	.399

Ⅲ　社会や人生を狂わせるマネーゲーム（$\alpha = .776$）

財テク・マネーゲームは経済の活性化に必要なことである	−.113	−.013	.485	−.186	−.234	−.105	.366
マネーゲームは国や社会を崩壊させてしまうものである	.029	.238	.537	.092	−.046	−.178	.388
財テク・マネーゲームは人々の勤労意欲を減退させるものである	−.011	.102	.650	−.029	.012	.045	.436
財テク・マネーゲームをやっているとお金のありがたさがわからなくなる	−.042	.158	.580	.142	−.030	.099	.394
マネーゲームは人生の意義と経済感覚を狂わせる根源である	.016	.265	.719	.079	−.005	−.020	.594
マネーゲームのようにお金がお金を産むという機構は本来間違っている	−.141	.098	.532	.077	−.036	−.108	.331
財テク・マネーゲームなどをやるのは賭け事をやるのと同じである	−.002	.223	.372	.085	.057	.107	.210

Ⅳ　お金の使い方と人生の意義（α ＝ .621）

目先のためだけにお金を使うのはよくない	−.183	.100	.120	.367	−.063	−.325	.302
無駄金はなるべく使わず，意義のある使い方をすべきである	−.054	.058	.218	.457	.003	−.193	.300
お金で人間は評価できない	−.362	.041	.220	.373	−.113	.017	.334
お金の使い道を考え予算を立てることは，自己管理の意味で必要なことである	.000	.052	.032	.572	−.007	.096	.340
お金の使い道や予算を考えることは，自分の人生設計を考えることにつながる	.144	.114	−.072	.558	.117	.089	.372
お金の使い方でその人の価値観がわかる	.119	.166	.183	.381	.114	.368	.235
お金に対する態度はその人の人間性を反映するものである	.160	.116	.065	.351	.155	.182	.224

Ⅴ　金儲けと使用の楽しみ（α ＝ .675）

人はだれしも限られた財産をどうしたら増やせるか考えている	.314	.173	−.022	.103	.363	.085	.278
お金儲けはそれだけで楽しみである	.302	−.001	−.064	.028	.386	.261	.245
お金をもらうのはどんな場合でもうれしいことである	.217	.038	−.008	−.036	.617	−.038	.432
どんな場合でも，お金を使うのは楽しいことである	.008	.040	.079	−.132	.542	.188	.354
贈り物は品物よりお金でもらう方がうれしい	.282	−.033	.011	−.134	.468	−.095	.327
お金を貯めることそのものが楽しみである	.161	.009	−.009	.219	.370	−.215	.257

Ⅵ　お金の利用と処世術（α ＝ .516）

商売や事業をするには，借金は必要な行為である	.142	.003	−.065	.081	−.044	.357	.160
上手な借金は処世術のひとつである	.215	−.015	−.075	.139	.041	.408	.239
お金を貯めるのは使うためであり，貯めるだけでは意味がない	.022	.039	.079	−.056	−.027	.402	.174
お金の使い道や予算を考えずに思い切り使うのは楽しいことである	.162	.053	−.014	−.189	.237	.349	.243
借金ができるのは，その人に信用があるからである	.029	.010	−.043	.162	.154	.402	.214

「お金に対する態度尺度」（原岡, 1990）は家計行動全般を扱っていると考えられ，そのうち『Ⅰお金の社会的価値』は貨幣の価値や社会的意義，『Ⅱ社会における諸悪の根源』および『Ⅲ社会や人生を狂わせるマネーゲーム』は金融行動のネガティブな側面，『Ⅳお金の使い方と人生の意義』は貨幣の使い方と社会的価値，『Ⅴ金儲けと使用の楽しみ』および『Ⅵお金の利用と処世術』は貨幣

の獲得と使用についての態度の両方を総合的に捉えたものと考えられる。

原岡（1990）は，「お金に対する態度尺度」の外的妥当性を確認するため，自由に使用できる金額との関連が検討している。具体的には自由に使用できる金額，希望の金額を低・中・高の３段階に分けて分析している。自由に使用できる金額（３水準）を独立変数，各因子の評定値の平均値を従属変数として分散分析を行い，その結果，『Ⅵお金の利用と処世術』は，自由に使用できる金額が多い群の方が有意に高く評定し，“お金の利用は処世術だ”と考えるものが多いと考えられた。『Ⅰお金の社会的価値』については傾向差が見られ，自由にできる金額が多ければ多いほど『お金の社会的価値』を高く評価する傾向が見られた。

この手続きは尺度の外的妥当性を測るうえでは適切だったと思われるが，サンプルの問題がうかがえる。すなわち調査の参加者が学生であったため，自由にできるお金の金額が下位は「１万円以下」，中位は「２・３万円程度」，上位は「４万円以上」という少額になっている。この金額では，一般的な投資などの金融行動を行うには少なすぎる。

この範囲の金額でもFXやミニ株などであれば金融行動を行うことができるが，「お金に関する態度尺度」が開発された当時の1990年代にはなかったため，金融行動について「お金に関する態度尺度」の妥当性が十分確認されたとは考えにくい。金融行動の測定尺度を開発するためには，金融商品に投資できる程度の資金を持ち合わせているあるいは準備できる社会人を対象にした調査を行わなければならないだろう。

原岡（1990）の尺度は，金融行動を測定するうえでは不十分だったかもしれないが，貨幣使用を中心に，日本で初めて金融行動を含む家計行動や消費行動を総合して測定する尺度となっている。この尺度を作成する際，さまざまな職種の社会人を対象に予備調査が行われており，広く偏りの少ない社会人の態度が収集できたと考えられる。予備調査では，「お金と人間関係」というテーマで，収入，消費，投資，税金の場面の貨幣使用と金融行動についての自由記述をもとに作成され，広く家計行動全般を網羅する内容となっている。その中で，投資などの金融行動が，第３因子「社会や人生を狂わせるマネーゲーム」と第６因子「お金の利用と処世術」で扱われていた。

また，のちに紹介する経済学分野で作成された金融関連行動の尺度は併存的妥当性が検討されていないものが多いが，原岡（1990）の尺度の作成においては併存的妥当性を検討している。ただし因子の構成の検討についてはあまり記述されておらず，特に一貫性についての検討は不十分ではないかと思われる。表 2-1 を見てもわかるように，第 4 因子『お金の使い方と人生の意義』，第 5 因子『金儲けと使用の楽しみ』，第 6 因子『お金の利用と処世術』は信頼性が十分であるとはいえず（$.516 < \alpha < .675$），尺度構成項目の改善の余地があったかもしれない。また，因子を構成する項目は，財産，事業，借金など一般の大学生には馴染のうすい事柄が含まれており，尺度の信頼性が得られなかったのかもしれない。ここでも経済社会の問題に関する調査の対象者が社会人でないというサンプルの適合性が問題となった可能性がある。

金融行動全般を捉えようとする場合は，調査対象が社会人でないことは致命的だが，原岡（1990）の尺度は，日本で初めて金融行動を含む家計行動や消費行動を統括して測定する心理尺度を作成したという意味での貢献は大きい。原岡（1990）の尺度で提唱された「お金」という概念は，今も心理学の尺度で使われているものもある。

2000 年代以降に心理学において作成された貨幣使用に関する心理尺度としては，「大学生用お金に対する信念尺度」（渡辺, 2014）が挙げられる。この尺度は，予備調査も本調査も大学生・大学院生を対象としている。この尺度は『ネガティブな影響源』『労働の対価』『獲得困難性』『ポジティブな影響源』『重要性』の 5 因子で構成されている。

『ネガティブな影響源』は，貨幣の保有が人間関係にネガティブな影響を与えるという価値観を測定する因子である。『労働の対価』は，労働の成果物としての貨幣の性質，『獲得困難性』は貨幣の獲得の難しさ，『ポジティブな影響源』は貨幣の保有によるポジティブな影響，『重要性』は貨幣の必要性や重要性について測定するものであった。この尺度は，構造的妥当性も併存的妥当性も確認された尺度であるが，予備調査も本調査も学生を対象としていた。そのため債務が発生する資金の移動を伴う金融行動はカバーされていない。

このように「お金」という概念で心理測定を試みようとすると，金融行動が単に貨幣の保有や使用に関わる行動と混同して測定されたり，金融行動がその範疇に含まれない尺度となりかねない。したがって，金融行動に至る心理過程を明らかにするためには，「お金」という捉え方ではなく，金融行動に限定した態度を検討する必要があると思われる。

そのため，第一に質問項目をはじめ調査内容を貨幣行動とは明確に分離して金融行動に特化し，第二に対象者を実際に自分の裁量である程度の資金を運用することができる社会人を対象として調査を行う必要があると思われる。こうした明確に金融行動に限定した調査は，経済学のアプローチで多数行われている。

[3] 経済学における金融行動の心理学的研究

経済学分野で個人の金融行動を測定した研究は，たとえば金融商品の購買行動が対象とされたものが挙げられる。大竹・伊東（2000）は，個人特性としての金融行動と金融意識を測定する尺度作成を試みている。大竹・伊東（2000）は，金融商品の選択の際，「ローリスク型を選ぶ」「ハイリスク型を選ぶ」「ローリスク型・ハイリスク型の中間型を選ぶ」という3つの選択行動を方向づける金融行動と金融意識としての投資・貯蓄意識について調査を実施し，因子分析を行っている。サンプルについては記述されていないが，質問項目の多くに投資についての内容が含まれており，調査対象者は社会人であると思われる。

探索的因子分析を経て16項目に絞って再度因子分析を行った結果，『金融関与の高さ（利殖・貯蓄に対する関心程度）』因子と『堅実度（貯蓄-投資願望）』因子の2因子構成が採用されている。『金融関与の高さ（利殖・貯蓄に対する関心程度）』因子は，“目的にあった貯蓄法，商品を選択している”“金利動向，新商品情勢に敏感”“まとまったお金は利率のよいものに預けかえる”など12項目で構成されていた。『堅実度（貯蓄-投資願望）』因子は，“ハイリスク・ハイリターン商品にも魅力がある”“いざというときのために貯蓄している（逆転項目）”など4項目で構成されていた。

この尺度は，構成する項目は投資や貯蓄に関わる具体的な内容を問うたものであった。しかし因子分析結果では，累積寄与率が41.9%と低く，第1因子と第2因子の両方に，高い因子負荷量を示す項目も排除されていなかった。また α 係数も算出されておらず，因子の一貫性も確認されていない。さらに構造的妥当性も確認されていない。したがって，尺度としての妥当性は確認することができない。

一方，長田・長田・本橋・守口（2002）は，金融機関の顧客に対するアンケートデータから，金融行動に至る心理過程を金融意識と金融機関に対する評価を用いて明らかにしようとしている。長田ら（2002）は，金融意識に関する質問項目について因子分析を行った。その結果『資産運用系』『渡り鳥系』『保守系』『他人依存系』の4因子解が採用されている（表2-2）。しかし，最終的な因子分析結果において，複数の因子に高い因子負荷量を示す項目を排除されていなかった。因子の一貫性も構造的妥当性も検討されていないこともあり，尺度としての妥当性は疑わしいものとなっている。

両研究ともに，金融行動についての質問項目は，具体的な金融商品の購入意思もしくは保有の有無が中心である。金融商品の保有の状況や購入意思を研究

表2-2　金融意識の因子分析結果（長田ら，2002を一部改変）

	因子1	因子2	因子3	因子4	共通性
資産運用系					
資金運用の計画性を持っている	.787	−.085	−.083	−.109	.645
資金運用に関心がある	.748	.244	.021	−.069	.625
商品を比較して購入する	.694	.209	.005	.028	.526
渡り鳥系					
魅力的な商品があれば取引がなくても考える	.228	.822	.007	−.019	.729
有利な商品があれば，預けかえる	.373	.892	.043	.011	.620
保守系					
ローンは利用したくない	.111	−.026	.680	−.152	.499
金融商品の内容がわかりにくい	−.146	.172	.530	.125	.463
元本保証なしの商品は利用したくない	−.172	−.195	.593	.176	.450
外資系金融機関との取引は抵抗がある	.025	−.444	.548	.180	.528
満期前に解約するのは抵抗がある	.256	−.285	.422	.134	.332
他人依存系					
自分の判断より，他人に相談する	.091	−.005	.053	.788	.600
周りが利用しないと購入しない	−.057	−.164	.204	.692	.550
天引きや積み立て等，強制的でないと貯蓄できない	−.140	.045	−.014	.627	.415
金融機関をあまり変更しない	.057	−.588	.228	.041	.413
固有値	2.017	1.987	1.792	1.601	
寄与率	14.40	14.19	12.80	11.44	
累積寄与率	14.40	28.80	41.40	52.83	

することは金融商品の購買結果を把握するには意義深いと思われる。本書の目的である金融商品の保有に至るまでの心理過程については十分解明されていないが，金融に対する態度に影響する金融商品特有のリスクについてカバーする項目が多い。

大竹・伊東（2000）の金融意識に関する因子分析では，『金融関与の高さ（利殖・貯蓄に対する関心程度）』因子は，“貯蓄法”，“金利動向”“利率”などに関わる項目で構成されており，『堅実度（貯蓄-投資願望）』因子は，“ハイリスク・ハイリターン”など金融や金融リスクに関連する項目で構成されていた。また長田ら（2002）の金融意識に関する因子の『保守系』の中には，“元本保証”“ローン”“満期”などの金融リスクにかかわる商品特有の条件についての意識が測定されていた。

このように金融商品には金融リスクが伴うため，金融商品特有の特徴がある。金融商品の特性や金融リスクという金融独特の特性を捉えた尺度としては大竹・伊東（2000）や長田ら（2002）の金融意識に関する尺度は優れていると思われる。この点は先に紹介した心理尺度「お金に関する態度尺度」（原岡，1990）や「大学生用お金に対する信念尺度」（渡辺，2014）に欠けている部分だろう。一方で尺度の妥当性という点では，大竹・伊東（2000）や長田ら（2002）の金融意識に関する尺度は検討がされていない。これらの点を考慮し，金融行動の尺度を作成するうえでは，（1）金融リスクについての心理過程を考慮しなくてはならないこと，（2）金融行動を行うことができる社会人のサンプルを用いた調査をすること，（3）尺度の妥当性を確認すること，の3点が特に重要であると考えられる。

（2）と（3）は調査の実施で実行することとするが，その前に（1）の金融リスクについての心理過程について，金融リスク認知と金融商品選択についての研究を踏まえて概観する。

2. リスク認知と金融行動

［1］金融リスクの分類と測定

金融リスクの特徴として，金融商品の価値の時間経過による変化が関わっている。消費商品など一般的商品は，時間経過とともに価値が低下の一途をたどり，「モノ商品」と呼ばれる（西久保, 1997）。一方の金融商品は，商品の価値が時間経過により上下変動する。この金融商品の変動性リスクは，投資等で差損を被る場合だけではなく，差益を得る可能性も含んでいる。その点が，商品の損害や被害のリスクだけを扱っている一般的リスクと性質が異なる部分だと考えられる。

そうした金融リスクが金融行動の研究でどのように扱われているかは，金融商品選択行動の研究に見られる。荒木・荒牧・加藤・生田目・齊藤（2000）は，金融商品選択の概念モデルを検討し，個人のライフ・スタイル（個人属性〈年齢・家族構成〉と意識〈生活意識と金融意識〉）が金融商品の選択にどのような影響を及ぼすかを明らかにした。ここで金融意識として，“リスク許容の程度”が，金融商品選択のプロセスにどうかかわるかが扱われている。これについて佐々木・大久保（投稿中）は，「リスク許容の程度は，リスクへの態度の1つと考えられるが，ここではリスク許容度は高・中・低という強度で測定されているのみで，リスクへの態度の質やリスクについての認知構造，認知的な捉え方は扱われていない」と指摘している。

金融リスク認知に関連する心理学的測定を試みた研究としては，鈴木（1993）の「消費者の知覚リスクの尺度」が挙げられる。これは，Peter & Tarpey（1975）が開発した尺度の日本語版であり，『金銭的リスク（financial risk)』『性能的リスク』『肉体的リスク』『心理的リスク』『社会的リスク』の5つの知覚リスクで構成されている。しかし，ここでの『金銭的リスク』は，“価格やランニング・コストがかかるといったことによって出費がかさむ可能性はどの程度あると思いますか”“それを買ったことによって被る出費は，あなたにとってどの程度重要なことだと思いますか”などの項目で測定されている。これらは，西久保（1997）が指摘する「モノ商品」の時間経過とともに価値の低下や，価格や出費のコストなど，一般的な消費に関する知覚リスクと考えられる。したがって，「消費者の知覚リスクの尺度（鈴木, 1993)」は，時間経過により価値が上下変動する金融のリスクを網羅しているとは言えないだろう。

これに対し原田（2003）は，消費者行動の認知を援用して金融リスク認知を分析している。具体的には，金融商品の知覚リスクに対し，一般的な商品の購入における6種の知覚リスク（『機能的リスク』『物理的リスク』『経済的リスク』『社会的リスク』『心理的リスク』『時間リスク』）(Shiffman & Kanuk, 1991) を援用し，『機能的リスク』『経済的リスク』『社会的リスク』『時間的リスク』『商品リスク』『機関リスク』『心理的リスク』『機会損失リスク』『帰結リスク』『総合的リスク』の10種の金融リスクを提唱している。それぞれ1項目で測定が試みられており，統計的に妥当とは考えにくいが，金融の専門家が理論的に想定したものとして意味のあるカテゴリーだと思われる。

[2] 金融リスク認知を含む金融行動のモデル

金融行動の心理尺度を開発するにあたっては，金融行動の独自性である金融リスク認知の測定は重要なポイントになると思われる。心理学では金融リスク認知は看過されてきたが，経済学の領域では，金融リスク認知が金融商品購入の意思決定研究に関わる過程について研究され，金融リスクの測定が試みられてきた。

山口（2007）は，原田の知覚リスクの項目（原田, 2003）の評定値を説明変数，金融商品の購入意思を目的変数としてロジスティック回帰分析を行い，『機能的リスク』『時間的リスク』が運用系商品の保有を促進することを示している。さらに山口（2007）は，金融商品の購入への不安についての項目である『総合的リスク』が商品の情報検索を促進することを示している。このように原田（2003）の知覚リスクの項目は，実際の金融商品の購入や消費行動に影響することが示されている。

これらに用いられた測定尺度の精度には疑問が残るものの，金融商品のリスクに関する認知が，金融商品の購入の意思決定や関連する行動に影響を及ぼすことがうかがえる。測定尺度の妥当性が担保されていないことを考慮すると，金融リスク認知が金融行動への影響を検討するためには，より妥当性の高い金融リスク認知の尺度を作成する必要がある。

本書では，第1章で原田（2003）の金融リスク認知の尺度項目を用いて，初対面の社会人に集団討議を行わせ，討議内容を内容分析し，金融リスク認知の構造について明らかにした。その結果，原田（2003）の「心理的リスク」についての集団討議を内容分析したものが，「安全志向」，「リスク回避志向」，「ハイリスク・ハイリターン志向」,「コスト意識」というリスク認知に関わるカテゴリーとして出現している。

さらに，それぞれ個人の投資行動に影響する社会的要因を知覚する個人的・社会的要因，リスク認知次元として，金融商品自体を知覚する認知的側面，金融商品の購買についてどのような態度をもつかを示す投資態度の要因が抽出された。先述の経済学における金融行動の研究において（長田ら, 2002; 山口, 2007），金融意識などの心理的要因と，経済状況や投資先の社会的評価等の社会的要因が金融商品の購入行動のモデルに想定されている（図 1-5）。

つまり経済学のアプローチでも，討論データの内容分析においても，金融リスク認知次元と購入意思決定が想定されていることになる。したがって，金融リスク認知が金融商品の購入に至る心理過程を捉えるには，こうした金融リスク認知レベルに関する心理測定尺度を開発することが必要だと思われる。では金融リスク認知は，心理学で研究されてきたリスク認知の捉え方で測定することはできるものだろうか。

[3] 心理学におけるリスク認知と金融リスク認知

測定尺度の開発においては，心理学では尺度の妥当性の検討方法などを長年にわたりより精度の高い方法を提供し続けている。しかしながら心理学では，金融リスク認知の測定尺度については研究が不足しており，これまで開発されてきた測定尺度は，一般的リスク認知の測定に終始してきた。

一般的リスク認知について，Slovic（1987）は，事故や災害や健康に関するリスク全般について調査を行い，リスク認知の 2 因子モデルを提唱している。Slovic（1987）は，「恐ろしさ」「未知性」によって，一般的なリスク認知を測定する尺度を作成している。この尺度では，事故，災害，病気等，何らかの被害が及ぼされるといういわば損失の可能性の認知に関して研究されたものである。

これに対して，金融リスクは価格の変動の幅と捉えられている。そのため，リスクが大きい場合は分散が大きいことを意味し，必ずしも損失の可能性が高くなることを意味しない。たとえば，金融商品の購入時の価格が高い時に購入したものを価格が低い時に売却すると損失となり，逆に購入時に価格が低く，売却時に価格が高ければ利益が大きくなる。つまり金融リスクが高い場合は，損失が大きくなることもあれば，利益が大きくなる方向もある。後者の利益を生む可能性のあるリスクの認知については，Slovic（1987）の尺度ではカバーできない。

金融リスクという損失の可能性だけでなく利益を大きくする可能性を含むリスクの認知は，一般的リスクとは性質を異にしている。金融商品に関するリスク認知の研究としては，一般的リスク認知との関連が検討されている（Koonce, McAnally & Mercer, 2005）。具体的には，金融商品による損失の確率と，Slovic（1987）の尺度に即して作成した金融商品のリスクに関する恐れ因子と未知性因子を作成し，これらが損失の知覚から生じる金融商品のリスク知覚を媒介することを示している。

このことからも，損失に関わる金融リスク認知の尺度については，Slovic（1987）の一般的リスク認知と関連が深いと思われる。たとえば第１章で取り上げた内容分析で見出された「リスク回避志向」や「コスト意識」などがそれに相応する。一方で，「ハイリスク・ハイリターン志向」「信憑性の影響」などは，一般的リスク認知では測定できていない金融リスク認知の特性だと推察される。次節では，これらの研究を踏まえて金融リスク認知次元を含め，開発された金融心理尺度を取り上げる。

3.　金融心理尺度の構造

第１章では，金融行動についての集団討議の内容分析から，「個人的・社会的要因」と「金融リスク認知次元」の２つの次元が見出されたが，佐々木・大久保（投稿中）は，これをもとに項目を作成し，金融心理尺度を開発している。その際，専門家／非専門家のギャップに配慮したサンプリングを行っている。両者の金融の認知構造のギャップについては，第１章で一般消費者の金融認知構造（図 1-7）と金融専門家の金融認知構造（図 1-8）では，一部異なる構造を持つことが明らかになっている。異なる認知構造を持つ一般消費者と金融専門家の両方の認知過程と金融の意思決定を検討できる尺度の開発を行うため，金融専門家と一般消費者のサンプルを用いて尺度開発を行っている。

［1］金融心理尺度の構成

1）金融心理尺度開発の過程

金融行動に関する認知構造について，第1章で示したように，金融専門家と一般消費者では異なる認知構造が見出されていた（図1-7および図1-8）。この専門家／非専門家ギャップに配慮し，佐々木・大久保（投稿中）は，専門家と非専門家の両方を同数とするサンプルで調査を行い，専門家と非専門家とどちらのグループにも適用できる金融心理尺度の因子を検討している。

調査項目は，佐々木（2011）の集団討議を用いた調査で選定された金融行動に関するカテゴリーに対応する項目が作成された。金融行動に関するカテゴリーは，金融リスク認知，金融商品の投資する際に考慮する個人的・社会的要因，および金融商品の投資態度についての項目が作成され，調査に用いられた。調査により，金融リスク認知尺度，個人的・社会的考慮尺度，投資態度尺度が開発された。

2）金融リスク認知尺度

佐々木・大久保（投稿中）は，金融リスク認知次元項目20項目について探索的因子分析を行い（最尤法，プロマックス回転），最終的に11項目の3因子構造が得られ，全体の説明率は79.161％であった（表2-3参照）。それぞれの因子を構成する項目の因子負荷量は .677以上であった。第1因子は，構成するすべての項目が手数料を気にかける内容であったため，『手数料懸念』，第2因子は，金融商品の値動きの予測の困難さや金融商品から得られるリターンのコントロールが難しさを感じていることが示されていたため，『統制不能感』とされた。第3因子は，金融商品によって損失がでるリスクに対する不安を表していたため，『損失不安』とされた。

これら3因子構造『手数料懸念』『統制不能感』『損失回避』と因子間の相関を仮定したモデルを用いて確認的因子分析を行った結果，適合度指標も良好で（$\chi^2(41) = 76.52, p = .00, GFI = .96, CFI = .99, RMSEA = .05$），モデルの当てはまりは良いと考えられた。

表 2-3　金融リスク認知尺度の因子分析結果（佐々木・大久保（投稿中）を一部改変）

	因子		
	Ⅰ	Ⅱ	Ⅲ
手数料懸念（α = .903）			
海外の債券を購入する際に手数料がかかることが気になる	.841	−.035	.016
金融商品の購入の際に手数料がかかることが気になる	.827	.016	.036
外為取引をする際に手数料がかかることが気になる	.777	−.038	.104
中途換金の際に手数料がかかることが気になる	.728	.083	.060
証券会社などで口座管理料がかかることが気になる	.677	.068	−.037
統制不能感（α = .906）			
リターンの予測は難しいと思う	−.035	.975	−.015
為替の予測は難しいと思う	−.003	.812	.077
金融商品の底値や最高値を見極めることは難しいと思う	.087	.810	−.073
損失不安（α = .891）			
損失額に対して自分が責任を負うことが気になる	.080	−.138	.842
損失が出る危険性があることが気になる	−.017	.147	.815
リターンにリスクが伴うことが気になる	.150	.0.71	.719
因子間相関　Ⅱ	.601		
Ⅲ	.767	.625	

3）個人的・社会的考慮尺度

佐々木・大久保（投稿中）は，個人的社会的考慮に関する21項目について，因子分析を行い（最尤法，プロマックス回転，固有値1基準），最終的に表2-4に示す3因子が見出された（E = 6.64, 2.32, and 1.00，累積寄与率76.59%）。表2-4に示すように，第1因子は，景気の状況や自己資金などの6項目で構成されており，『経済状況考慮』と命名した。第2因子は，金融商品の知識や投資判断の自身のなさを示す項目から構成されており，『個人的能力欠如』と命名した。第3因子は，IR情報や企業情報誌，インターネットからの情報を探索・収集するの3項目で構成されており，『金融情報考慮』と命名した。

個人的・社会的要因尺度を構成する『経済状況考慮』『個人的能力考慮』，『金融情報考慮』の3因子構造と因子間の相関を仮定したモデルを用いて確認的因子分析を行った結果，モデルの適合はおおむね良好であると考えられた（$\chi^2(62)$ = 130.41, p = .00, GFI = .94, CFI = .98, $RMSEA$ = .06）。

表 2-4　個人的・社会的考慮尺度の因子分析結果（佐々木・大久保，投稿中を一部改変）

	因子		
	I	II	III
経済状況考慮（α = .921）			
世界の景気の状況を考慮する	.962	−.071	−.010
世界の金融不安を考慮する	.867	.004	−.002
金融商品の購入の際に余裕資金がどのくらいあるかを考慮する	.761	.079	−.075
日本の景気の状況を考慮する	.744	.069	.085
円相場を考慮する	.710	−.042	.096
アメリカの景気の日本への影響が気になる	.640	.004	.159
個人的能力欠如（α = .930）			
購入対象となる金融商品についての十分な知識がない	.003	.938	−.028
自分で購入を決定する自信がない	−.133	.863	.134
金融商品を理解するための十分な知識がない	.136	.860	−.137
金融商品に関する判断に自信が持てない	.016	.848	.036
金融情報考慮（α = .832）			
IR 情報（企業の発する投資家広報情報）を考慮する	.004	.048	.892
日経会社情報や会社四季報から得られる情報を考慮する	.071	−.054	.771
売買のタイミングをはかるためにテクニカル指標を考慮する	.157	.018	.557
因子間相関　II	.469		
III	.673	.299	

4）投資態度尺度

佐々木・大久保（投稿中）は，金融商品へ投資態度を測定する 22 項目について，固有値 1 を基準として因子分析（最尤法，プロマックス回転）を行った。そのうえで，2 つ以上の因子に高い因子負荷量を示す項目を排除し，再度因子分析を行った結果，4 因子を抽出した（E = 7.63, 2.35, 1.12, and .84，累積寄与率 79.56%）。第 1 因子は，元本保証や低リスク商品への投資希望を示す 6 項目で構成されており，『安全性・確実性志向』とされた。第 2 因子は，金融商品の購入の際に専門家や信頼できる人の意見を参照する項目で構成されていたため，『信憑性依拠』とされた。第 3 因子は，リスクの高い商品の運用や投機を示す項目で構成されており，『ハイリスク・ハイリターン志向』，第 4 因子は，コストや収支を検討する 3 項目で構成されており，『コスト重視志向』であった。

探索的因子分析で得られた『安全性・確実性志向』『信憑性依拠』『ハイリスク・ハイリターン志向』『コスト重視志向』の4因子構造とこれらの因子間の相関を仮定したモデルを用いて確認的因子分析を行った結果，適合度指標はほぼ良好でモデルの適合は良いと考えられた（$\chi^2(84) = 790.50, p = .00, GFI = .95, CFI = .97, RMSEA = .06$）。

表2-5　投資態度尺度の因子分析結果（佐々木・大久保（投稿中）を一部改変）

	因子			
	I	II	III	IV
安全性確実性志向（$\alpha = .936$）				
元本割れしない金融商品を購入したい	.999	−.120	.019	−.037
元本保証がある金融商品を購入したい	.893	−.027	−.092	.042
リスクの少ない金融商品に投資したい	.787	−.013	.037	.122
安全だと思える金融商品を購入したい	.778	.166	−.032	−.004
ローリスク・ローリターンな金融商品を購入したい	.751	−.005	.096	−.006
資産価値が下がる可能性がある金融商品の購入は避けたい	.731	.129	−.028	−.053
コスト重視志向（$\alpha = .870$）				
コストを重視して購入する金融商品を決める	−.005	.979	−.063	−.107
コストを比較して購入する金融商品を決める	−.003	.785	−.027	.096
金融商品を購入することで，生涯を通じてどれだけの収支になるかが気になる	.131	.639	.022	.039
許容できる損失の範囲で，金融取引をしたい	−.001	.527	.186	.158
ハイリスク・ハイリターン志向（$\alpha = .859$）				
ハイリスク・ハイリターンな金融商品を購入したい	−.097	.018	.876	−.033
リスクの高い商品を，長期的に運用したい	−.003	−.069	.860	−.009
値動きのある商品に投機したい	.128	.042	.744	.016
信憑性依拠（$\alpha = .916$）				
その金融商品について詳しい人に聞いて購入したい	.071	−.073	−.034	.922
専門家の意見を聞いて購入する金融商品を決めたい	−.043	.142	.009	.823
信頼できる人の意見を参考にして購入したい	.051	.004	−.005	.821
因子間相関　II	.622			
III	.172	.465		
IV	.661	.718	.376	

4. 金融心理尺度の妥当性

[1] 金融心理尺度の併存的妥当性の検討

1) 金融心理尺度とお金に対する態度尺度の同時的妥当性の検討

先にも述べたように，金融行動に関する日本の心理尺度はこれまでに見られず，貨幣の使用と金融行動について開発された心理尺度として，お金に対する態度尺度（原岡, 1990）が作成されている。

お金に対する態度尺度を構成する因子は「お金の社会的価値」（第 1 因子），「社会における諸悪の根源」（第 2 因子），「社会や人生を狂わせるマネーゲーム」（第 3 因子），「お金の使い方と人生の意義」（第 4 因子），「金儲けと使用の楽しみ」（第 5 因子），「お金の利用と処世術」（第 6 因子）である（表 2-1 参照）。佐々木・大久保（投稿中）は，お金に対する態度尺度の中で金融行動に関する因子は第 3 因子「社会や人生を狂わせるマネーゲーム」と第 6 因子「お金の利用と処世術」とみなし，金融心理尺度の併存的妥当性を検討した。その中で示されている金融心理尺度とお金に対する態度尺度（「社会や人生を狂わせるマネーゲーム」,「お金の利用と処世術」）の相関分析の結果を表 2-6 に示す。

金融心理尺度のすべての因子が「お金の利用と処世術」因子と有意な正の相関が見出された。このことは，過去の金融行動を測定する尺度との併存的妥当性を示すと思われた。一方，お金に対する態度尺度の「社会や人生を狂わせるマネーゲーム」との相関については，投資態度尺度のすべてと個人的・社会的考慮尺度のうち金融情報考慮についての相関は有意ではなかった。「社会や人生を狂わせるマネーゲーム」を構成する項目は，投資行動をマネーゲームや財テクと捉え，人生や社会を崩壊させるという価値観を示している。

こうした価値観は，現在の投資態度とは相いれないものだと思われる。現代では，日銀が「貯蓄から投資へ」と方向づけ，投資を奨励していることも影響しているのか，世相も変化し相関が有意にならなかったと考えられる。また，現在は低金利が続いているため，お金に対する態度尺度が作成された当時の「お金がお金を産む」という経済状況とはまったく異なっている。そのため，同じ金融行動を測定する尺度であっても相関が有意にならなかったのだろう。

表 2-6　金融心理尺度とお金に対する態度尺度（一部）の相関
（佐々木・大久保（投稿中）のデータから作成）

金融心理尺度	お金に対する態度尺度			
	社会人や人生を狂わせるマネーゲーム		お金の利用と処世術	
金融リスク認知尺度				
手数料懸念	.216	**	.208	**
統制不能感	.126	*	.261	**
損失不安	.238	**	.128	*
個人的・社会的考慮尺度				
経済状況考慮	.131	*	.322	**
個人的能力欠如	.269	**	.176	**
金融情報考慮	.092		.147	*
投資態度尺度				
安全性確実性志向	.095		.173	**
コスト重視志向	.067		.245	**
ハイリスク・ハイリターン志向	−.029		.141	*
信憑性依拠	.040		.191	**

$^{**}p < .01$, $^{*}p < .05$

一方で金融リスク認知尺度のような金融リスクへの懸念や経済状況や個人的能力への不安は，かつての「社会や人生を狂わせるマネーゲーム」という資産を減らすリスクが，金融リスク認知と通じるものがあるのかもしれない。こうした結果から，おおむね過去の金融行動の測定尺度との併存的妥当性がおおむね確認されたと思われる。

2）金融心理尺度と一般的リスク認知尺度の同時的妥当性の検討

第１章でも述べたが，金融にはリスクが備わっていることが通常の消費行動や家計の支出とは異なっていた。こうした金融行動のリスクを含む側面について金融心理尺度が妥当に測定していることを確認するため，佐々木・大久保（投稿中）は，既存の一般的リスク認知尺度との相関を検討し，金融心理尺度の併存的妥当性を明らかにしている。

表 2-7　金融心理尺度と一般的リスク認知尺度の相関
（佐々木・大久保，投稿中のデータから作成）

金融心理尺度	一般的リスク認知尺度			
	恐ろしさ（α = .83）		未知性（α = .64）	
金融リスク認知尺度				
手数料懸念	.282	**	.072	
統制不能感	.441	**	.107	
損失不安	.403	**	.197	**
個人的・社会的考慮尺度				
経済状況考慮	.320	**	–.178	*
個人的能力欠如	.202	**	.026	
金融情報考慮	.069		–.190	**
投資態度尺度				
安全性確実性志向	.314	**	.086	
コスト重視志向	–.183	**	–.019	
ハイリスク・ハイリターン志向	.178	*	–.137	
信憑性依拠	.256	**	–.083	

$^{**}p < .01$, $^{*}p < .05$

金融心理尺度と一般的リスク認知尺度（Slovic, 1987）の日本語版を作成した。スロビックのリスク認知尺度の，『恐ろしさ因子』と『未知性因子』の２因子によって，これらと金融心理尺度の相関分析を行っている。その結果，『恐ろしさ因子』との相関については，金融情報考慮以外のすべての金融心理尺度と有意な相関が見出された。このことは，過去のリスク認知尺度との有意な関連が見られ，リスク認知の恐ろしさの側面では，併存的妥当性が示されたと考えられる。

一方，『未知性』との相関については，経済状況考慮因子と金融情報考慮因子有意な負の相関が見出された。すなわち，経済状況や金融情報を考慮すれば，未知のリスクを感じることは少なくなることを示している。逆に損失不安については，どうなるかわからないという『未知性』と有意な正の相関が見られた。

また，「投資態度」については『未知性』とは有意な相関はなく，『恐ろしさ』

との有意な相関が見られていた。特に『安全性確実性志向』や『信憑性重視志向』との正の相関は，恐ろしいから安全性確実性を求めたり，信頼できる人の意見を聞いたりするのだろうと考えられる。『ハイリスク・ハイリターン志向』も，ハイリスクを取るという意味では怖さを意識しながら投資しているという心理プロセスがあるのかもしれない。ただし，『ハイリスク・ハイリターン志向』と『恐ろしさ』の相関は弱いものだった。一方，『コスト重視志向』と『恐ろしさ』の間には有意な負の相関が見られ，コストを重視して投資を行えばあまり恐ろしさを感じないことがうかがえる。

こうした一般的リスク認知との相関からも，金融リスク認知尺度の併存的妥当性が示されたと考えられる。

3）考　察

本節では，金融心理尺度の開発を試み，尺度の構造の妥当性を検討した。調査対象として金融専門家と一般消費者の2群に同数のサンプリングを行い，モデルの検討を行い，構造妥当性は確認された。しかし，内容分析では金融の専門家と一般消費者の間には知識の差が大きく，金融に関する認知構造が異なることが示されており（佐々木, 2011），金融専門家と一般消費者の両方において，金融心理尺度のモデルの当てはまりが良好かどうか疑問が残る。このため，次節では金融専門家と一般消費者の多母集団分析を行って金融心理尺度の妥当性を検討する。

［3］金融心理尺度の一般消費者／金融専門家の多母集団分析

本研究は，個人が金融商品に投資を行う際の心理過程を解明するため，金融行動を測定する尺度のモデルを検討した。尺度を構成する質問項目は，金融リスク認知の構造（佐々木, 2011; Sasaki et al., 2014）をもとに作成され，予備調査（佐々木, 2015）によって選定された。佐々木・大久保（投稿中）は，個人の金融投資の心理過程を測定する金融心理尺度（金融リスク認知，個人的・社会的要因，投資態度）を見出した。本研究では，これらの個人の金融投資の心理過程に関する質問項目について，30～69歳までの社会人300人（男性150人，女性150人，平均年齢47.13，SD = 9.81）にweb調査によるモニター・リサーチが行われた。探索的因子分析・確認的因子分析を行った結果，各尺度の信頼性と，モデルとしての適合性が妥当であることがすでに確認されている。

しかし，Sasaki et al. (2013) では，金融専門家と一般消費者で金融リスクの認知地図が異なることが示されていた。そこで被調査者の金融専門家と一般消費者の２群の多母集団分析を行い，一般消費者にとっても金融専門家にとっても妥当性のある尺度であるかどうかを確認する。

1) 金融の認知と投資態度

本研究では，個人が金融諸品に投資を行う際の心理プロセスを明らかにするため，金融への認知，投資を行う際の考慮要因，投資の際の行動のタイプを測定する金融行動尺度のモデルの妥当性を検討する。佐々木 (2011) は，金融商品に投資を行う際に，社会的要因と個人的要因を検討し，金融商品のリスク，リターン，コストを認知し，個人的要因と社会的要因を考慮した上で，リスクを回避したり，リターンを求める投資態度が形成されるという心理過程を集団討議の内容分析から見出した（第１章参照)。これに基づき開発された金融行動を測定する金融心理尺度を開発した（第２章第２節参照)。

しかし，金融行動尺度を含む金融に関する認知構造については，金融の専門家と一般消費者ではことなる認知構造を持つことが示されている (Sasaki et al., 2013)。そこで本節では，金融専門家と一般消費者の両方の群を同数のサンプリングを行い，それぞれの集団において金融心理尺度のモデルがどの程度当てはまるのかについて，多母集団因子分析を行う。

2) 金融リスク認知尺度の妥当性の検討

金融リスク認知尺度の『手数料懸念』，『統制不能感』，『損失不安』の３因子構造のモデルが見出されたが（表 2-3)，これについて共分散構造分析を行った結果，適合度指標は，$\chi^2 = 94.09$, $df = 51$, $p < .00$, $GFI = .95$, $CFI = .99$, $RMSEA = .05$ で，データの当てはまりは良好であった。

3) 金融リスク認知尺度の多母集団分析

調査対象の専門家群と一般消費者群の両群に対して，金融リスク認知尺度の適合度が妥当であるかどうかを検討するため，多母集団分析を行う。まず集団ごとの分析を行った結果，金融専門家群の適合度指標は，χ^2 = 85.89, *df* = 51, *p* < .00, *GFI* = .91, *CFI* = .97, *RMSEA* = .07 で，データの当てはまりは良好であると考えられた。一般消費者群のこのモデルの適合度指標は，χ^2 = 96.33, *df* = 51, *p* = .00, *GFI* = .90, *CFI* = .97, *RMSEA* = .04 で，データの当てはまりは良好であった。モデルの配置不変性を検討した結果，χ^2 = 182.29, *df* = 103, *p* = .00, *GFI* = .91, *CFI* = .97, *RMSEA* = .05 で，データの当てはまりは良好であった。次に配置不変モデルと測定不変モデルを検討したところ，配置不変モデルは *RMSEA* = .05, *AIC* = 287.32，測定不変モデルは *RMSEA* = .05, *AIC* = 293.88 であった。したがって，モデルの構造にも因子の構成においても良好なモデルであると思われた。

4）個人的・社会的要因尺度の妥当性の検討

個人的・社会的考慮尺度は，表 2-4 に示すように，『経済状況考慮』『個人的能力欠如』『金融情報考慮』の 3 因子構造が見出された。共分散構造分析を行った結果，適合度指標は，χ^2 = 130.41, *df* = 62, *p* = .00, *GFI* = .94, *CFI* = .98, *RMSEA* = .06 であった。おおむねデータの当てはまりは良好であった。これらについて調査対象の専門家群と一般消費者群の両群に対して，個人的・社会的考慮要因尺度の適合度が妥当であるかどうかを検討するため，多母集団分析を行う。

集団ごとの分析を行った結果，金融専門家群の適合度指標は，χ^2 = 68.01, *df* = 62, *p* < .002, *GFI* = .94, *CFI* = 1.00, *RMSEA* = .03 で，データの当てはまりは良好であると考えられた。一般消費者群のこのモデルの適合度指標は，χ^2 = 156.84, *df* = 62, *p* = .00, *GFI* = .87, *CFI* = .94, *RMSEA* = .10 で，データの当てはまりは，あまり良好ではなかったが，配置不変性の検討に進んだ。モデルの配置不変性については，χ^2 = 224.85, *df* = 124, *p* = .00, *GFI* = .90, *CFI* = .97, *RMSEA* = .05 で，データの当てはまりは良好であった。次に配置不変モデルと測定不変モデルを検討したところ（χ^2 = 234.11, *df* = 135, *p* = .00），配置不変モデルは *RMSEA* = .05, *AIC* = 337.43，測定不変モデルは *RMSEA* = .05, *AIC* = 328.11 であった。したがって，モデルの構造にも因子

の構成は良好なモデルであったが，一般消費者群のモデルの適合度があまり高くないという点に注意が必要だと考えられた。

5）投資態度尺度の妥当性の検討

表 2-5 に示すように，投資態度尺度は，『安全性・確実性志向』『信憑性依拠』『ハイリスク・ハイリターン志向』『コスト重視志向』の 4 因子構造のモデルを共分散構造分析を用いて検討した。その結果，適合度指標は，$\chi^2 = 183.64$, $df = 84$, $p = .00$, $GFI = .93$, $CFI = .97$, $RMSEA = .06$ で，データの当てはまりはおおむね良好であった。

調査対象の専門家群と一般消費者群の両群に対して，個人的・社会的考慮要因尺度の適合度が妥当であるかどうかを検討するため，多母集団分析を行う。まず集団ごとの分析を行った結果，金融専門家群の適合度指標は，$\chi^2 = 119.24$, $df = 84$, $p < .01$, $GFI = .90$, $CFI = .98$, $RMSEA = .05$ で，データの当てはまりは良好であると考えられた。一般消費者群のこのモデルの適合度指標は，$\chi^2 = 185.52$, $df = 84$, $p = .00$, $GFI = .87$, $CFI = .94$, $RMSEA = .09$ で，データの当てはまりは，あまり良好ではなかったが，配置不変性の検討に進んだ。モデルの配置不変性については，$\chi^2 = 304.76$, $df = 168$, $p = .00$, $GFI = .89$, $CFI = .96$, $RMSEA = .05$ で，データの当てはまりは良好であった。次に配置不変モデルと測定不変モデルを検討したところ，配置不変モデルは $RMSEA = .05$, $AIC = 445.91$，測定不変モデルは $RMSEA = .05$, $AIC = 437.00$ であった。したがって，モデルの構造にも因子の構成は良好なモデルであったが，一般消費者群のモデルの適合度があまり高くないという点に注意が必要であった。

4）考　察

本研究では，金融心理尺度（金融リスク認知尺度，個人的・社会的考慮尺度，投資態度尺度）のモデルの妥当性を検討する調査を行った。金融の専門家と一般消費者の間には知識の差が大きく，金融に関する認知構造が異なることが示されており（佐々木, 2011），調査対象として金融専門家と一般消費者の 2 群を同数のサンプリングを行い，モデルの検討を行った。調査の結果から，3 つの尺度はいずれも配置不変性も測定不変性も妥当と考えられる適合度が得られた。

しかし，金融リスク認知尺度に関しては，金融専門家においても一般消費者においてもモデルの当てはまりは良好であったが，個人的・社会的要因尺度と投資態度尺度については，いずれも金融専門家においてはモデルの当てはまりが良好であったが，一般消費者においては一部の指標で高い適合度が得られなかった。

この理由として，個人的・社会的要因尺度を構成する因子のうち，経済状況考慮因子と金融情報考慮因子については，金融専門家は一般消費者よりも知識が豊富だと考えられ，これらに強く反応する可能性がある。同じ理由で，個人的能力欠如因子については，一般消費者が強く反応すると考えられる。投資態度尺度のうち，安全性・確実性志向や信憑性依拠因子は，一般消費者が強く反応することが予想されるが，ハイリスク・ハイリターン因子については，一般消費者よりも金融専門家の方が強く反応するかもしれない。

[4] 尺度の妥当性の検討結果

本節では，まず金融心理尺度を開発し，尺度の妥当性を検討した。併存的妥当性については，お金に対する態度尺度（原岡, 1990）および一般的リスク認知尺度（Slovic, 198）と相関分析を行うことによって確認できた。

尺度の構成については妥当性が確認できたが，金融行動に関しては，一般消費者と金融の専門家の間で認知ギャップがあることがネックとなっていた。これは，常に両者が異なる基準で金融を判断することとなり，両者に分断が生じていたと思われる。そのため，一般消費者と金融専門家の金融心理を一つの尺度で測定することが必要だった。

この点に関して，多母集団分析を行うことによって，金融心理尺度が一般消費者についても金融専門家についてもおおむねモデルが適合しており，両者ともに測定が可能であることが示された。本章では，金融行動の心理測定の尺度開発と，開発された尺度の妥当性を確認してきた。次章では，金融心理尺度を用い，一般消費者と金融専門家の特性を比較する。また，金融心理尺度の特性によって，金融商品への投資行動がどのような特徴があるのかを明らかにする。そのことによって，ひとりひとりにとって適した金融行動とはどのようなものなのかを明らかにしていく。

【引用文献】

荒木 和行・荒牧 寧志・加藤 徹久・生田目 崇・齊藤 智（2000）．ライフ・スタイルと金融商品選択行動　オペレーションズ・リサーチ：経営の科学, *45*, 649-654.

原田 祐介（2003）．金融商品への関与と知覚リスクが金融商品選択に与える影響　*JILI FORUM*, *12*, 100-110.

原岡 一馬（1990）．お金に対する態度と価値志向 I ――態度の構造と態度尺度の構成　名古屋大学教育学部紀要教育心理学科, *37*, 199-216.

Koonce, L., McAnally, M. L., & Mercer, M. (2005). How do investors judge the risk of financial items?. *The Accounting Review*, *80*, 221-241.

西久保 浩二（1997）．金融商品選択モデル構築のための基本的検討と試作　生命保険経営, *65*, 260-277.

大竹 延幸・伊東 克哉（2000）．投資・貯蓄意識による金融行動セグメンテーションの試み．オペレーションズ・リサーチ：経営の科学, *45*, 625-630.

長田 伸一・長田 紘明・本橋 永至・守口 剛（2002）．金融機関における顧客理解のための分析事例：金融行動と金融意識との関連性の把握　オペレーションズ・リサーチ：経営の科学, *47*, 81-86.

Peter, J. P., & Tarpey, L. X. (1975). A comparative analysis of tree consumer decision strategies. *Journal of Consumer Research*, *2*, 29-37.

佐々木 美加（2011）．金融リスクの認知構造に関する心理学的研究――集団討議データの内容分析から　明治大学教養論集, *462*, 47-65.

佐々木 美加（2015）．金融商品の認知と投資行動に関する心理学的研究　明治大学人文研究所紀要, *77*, 37-83.

Sasaki, M., Nakabayashi, M., Okubo, S., Inaho, S., Komatsubara, A., & Kawabata, D. (2013). Comparing attitudes of financial experts and consumers toward financial products. *Tohoku Psychologica Folia*, *71*, 1-6.

佐々木 美加・中林 真理子・瀧川 裕貴（2015）．個人の金融行動に関する心理学的モデルの検討：金融行動尺度の多母集団分析　第 9 回行動経済学会大会論文集

佐々木 美加・大久保 重孝（投稿中）．金融行動に関する心理尺度の開発

Schiffman, L. G., & Kanuk, L. L. (1991). *Consumer behavior* (4th ed.). Upper Saddle River, NJ: Prentice Hall.

Slovic, P. (1987). Perception of risk. *Science*, *236*, 280-285.

鈴木 万希枝（1993）．消費者の情報探索に及ぼす知覚されたリスクの影響　社会心理学研究, *9*, 195-205.

山口 隆久（2007）．金融商品サービス購入における消費者行動／知覚リスクと情報探索行動の関わり　流通と経営診断／日本経営診断学会論集, *7*, 270-281.

渡辺 伸子（2014）．大学生用お金に対する信念尺度の作成　応用心理学研究, *40*, 11-22.

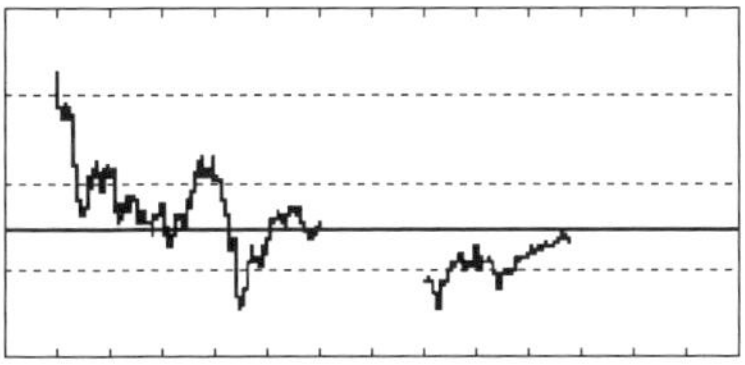

第 3 章　金融心理尺度と投資行動

第 1 節　金融心理尺度による金融行動の解明

第 2 節　デモグラフィック要因と金融心理尺度が投資行動に与える影響

第 3 節　金融行動に関する諸尺度と投資意欲

第 3 章
金融心理尺度と投資行動

本章では，妥当性が確認された金融心理尺度を用いて，金融行動のプロセスを解明する。第 2 章において金融心理尺度を開発し構造的妥当性も確認したことにより，第 1 章の内容分析で見出された金融行動を「金融リスク認知」「個人的・社会的考慮」「投資態度」という 3 つの下位尺度として測定可能となった。本章では，金融心理尺度の下位尺度を用い，(1) 第 1 章で見出された専門性ギャップの質を測定し，一般消費者が求める金融商品とは何かを解明する。また，(2) 金融心理尺度の下位尺度を心理的要因として，どのような金融商品を求める心理過程があるかを明らかにする。

1. 金融心理尺度による金融行動の解明

第 2 章では，金融行動を測定するための金融心理尺度の開発とその妥当性の検討が行われた。金融心理尺度は，金融リスク認知尺度，個人的・社会的考慮尺度，投資態度尺度で構成されており，これらの併存的妥当性も構造的妥当性も確認された。第 1 章の集団討議データによって見出された専門家／非専門家ギャップは，どのレベルで生じているのかを明らかにする。その前に，まず金融心理尺度の得点が基本的な社会的カテゴリーとどのような関係にあるかを検討する。

[1] 基本的な社会的カテゴリーと金融心理尺度

1) 金融心理尺度と性差

① 金融リスク認知尺度と性差　リスク行動には性差が見られ，男性の方

が女性よりもリスク行動をとりやすく，女性の方が男性よりもリスク意識が高いことが知られている。広瀬ら（1993）は，原子力，レントゲン，タバコ，麻薬，食品などの分野で女性は男性よりもリスク認知が高く，リスク回避傾向が高いことを示している。

金融リスク認知においても，こうした傾向が見られるかどうかを検討するため，金融リスク認知尺度の下位尺度を構成する項目の平均値に対し，性別を要因として一元配置分散分析を行った。その結果，手数料懸念（$F(1, 298) = 18.84, p < .01$），統制不能感（$F(1, 298) = 8.15, p < .01$），損失不安（$F(1, 298) = 26.80, p < .01$）のいずれに対しても性差の効果が有意で，女性の方が男性よりもそれぞれの金融リスク認知の反応が強いことが示された（図 3-1 参照）。

② 個人的・社会的考慮尺度の性差　個人的・社会的考慮尺度に関しては，経済状況考慮・金融情報考慮については，各種の経済情勢への敏感さや金融情報の収集に関わる行動であり，個人的能力欠如についても，自己の金融の能力や知識の知覚であるため，特に性差に関する先行研究もなく，仮説は立てられなかった。

個人的・社会的考慮尺度の下位尺度を構成する項目の平均値に対し，性別を要因として一元配置分散分析を行った。その結果，経済情報考慮尺度と金融情報考慮尺度に対する性差の効果は有意ではなかった（$F(1, 298) = .66$ and 1.51,

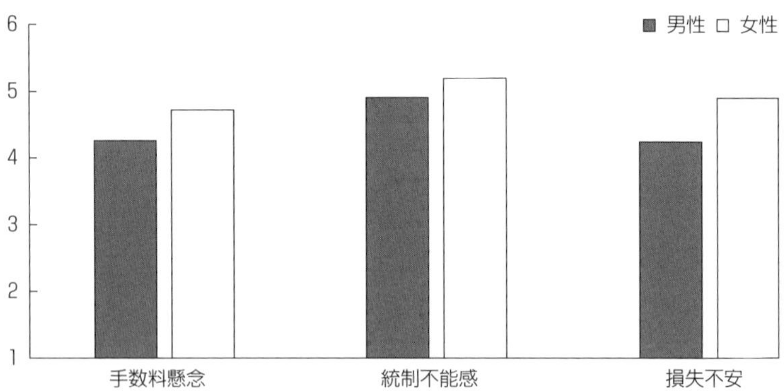

図 3-1　金融リスク認知尺度得点の性差

n.s.)。一方，個人的能力欠如に対する性差の効果は有意で（$F(1, 298) = 55.46$, $p < .01$），女性の方が男性よりも個人的能力欠如得点が高く，女性の方が男性よりも自己の金融に関する個人的能力が低いと感じている人が多かった（図3-2 参照）。

この結果を解釈するのは難しいが，心理学的な解釈として自尊感情の性差が考えられる。しかし，岡田ら（2015）のメタ分析では，日本人の自尊感情は全体（研究数 50）では異質性は有意だったが，成人のデータ（研究数 15）では異質性は有意でなかった。今回のサンプルも 30〜60 代の成人のデータであるため，自尊感情が関連しているとは考えにくい。

一方，経済調査からの解釈としては，ジェンダーギャップ指数（GGI）の国際比較が参考になる。本調査が実施された 2012 年における日本の GGI 順位は経済分野で 102 位と低迷している。これには賃金の男女格差や労働力の男女比が含まれており，日本の女性は国際的に労働参加や賃金が男性より低く，金融商品に投資する自由裁量を持っていないことが多いため，金融商品への知識や購入する自信のなさにつながっているのかもしれない。

③ 投資態度尺度と性差　　この投資態度においては，リスクを求める行動（risk seeking behavior）に相応するものは，ハイリスク・ハイリターン志向であると考えられる。男性の方が女性よりもリスクを求める志向が強いことが知られているため，男性の方が女性よりも，ハイリスク・ハイリターン志向が高

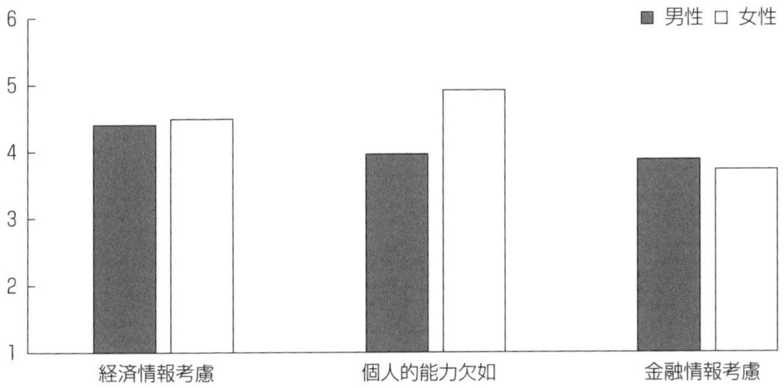

図 3-2　個人的・社会的考慮尺度得点の性差

いと予想される。一方，安全性・確実性志向は，安全志向，リスク回避的行動と考えられる。女性の方が男性よりもリスクを避ける傾向が見られることを考慮すると，女性の方が男性よりも安全性・確実性志向が強いと予想される。

これらの予測をもとに，性差を要因とし，各種の投資態度尺度を構成する項目の平均値を測度として一元配置分散分析を行った。その結果，安全性・確実性志向およびハイリスク・ハイリターン志向に対する性差の主効果が有意で（$F(1, 298) = 6.07$ and 15.04, $p < .05$ and $p = .00$），男性の方が女性よりも安全性確実性志向が低く，男性の方が女性よりもハイリスク・ハイリターン志向が強かった（図3-3参照）。これは予想どおりの結果であった。信憑性依拠に関しては，性差の主効果は有意ではなかった（$F(1, 298) = .89$, *n.s.*）。予想していなかった結果として，コスト重視志向に関しては，性差の主効果に有意傾向が見られ（$F(1, 298) = 3.15$, $p = .08$），男性の方が女性よりもコスト重視志向の評定値が高い傾向であった（図3-3参照）。ハイリスク・ハイリターン志向が男性の方が女性よりも強く，安全性・確実性志向が女性の方が男性よりも強いことは，これまでのリスク認知の研究と合致するものであった。一方で，コストに注意を払い，資産全体の収支や運用上の損失についての態度については，男性の方が女性よりも強い傾向がわずかに見られた。しかし，これは傾向差であり，平均値の差も小さいため（$d = .21$），別のデータでも一貫して同じ傾向が見られるかどうか確認する必要があるだろう。

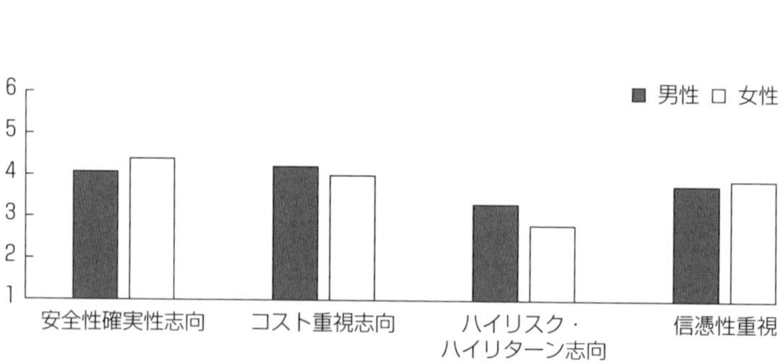

図3-3　投資態度尺度得点の性差

2) 金融心理尺度の専門性ギャップ（佐々木・中林，投稿中）

① 金融リスク認知の専門性ギャップ　金融専門家と一般消費者の間で金融リスクの知識の量が異なることから，金融リスク認知に差があると予想された。これを検討するため，金融の専門性の高い職業と一般的職業の職業専門性（金融業／非金融業）を要因とし，金融リスク認知尺度の構成項目の平均値を測度として一元配置分散分析を行った。その結果，手数料懸念と統制不能感に対しては職業差の効果は有意ではなく（$F(1, 298) = 1.49$ and $.27$, $n.s.$），損失不安に対しては職業差が有意で（$F(1, 298) = 5.24, p < .05$），一般消費者（非金融業従事者）の方が，金融専門家（金融業従事者）よりも損失不安が高かった（図 3-4 参照）。

② 個人的・社会的考慮尺度の専門性ギャップ　個人的・社会的考慮要因は，金融行動を起こす際に，個人の経営や家計の状況，あるいは日本や外国の経済を考慮することである。職業差に関しては，有意な影響が予想される。すなわち，経済状況や金融情報に関しては，金融業従事者の専門家の方が一般消費者よりも知識量も多く，業務上も情報のやり取りや経験が多いと予想される。

逆に，非金融業従事者である一般消費者は，そうした経験や知識が相対的に不足しており，個人の能力が欠如しているという感覚を持ちやすいと思われる。こうした尺度の特徴を明らかにするため，職業差を要因として，個人的・社会的考慮要因の下位尺度の構成項目の平均値を従属測度として一元配置分散分析

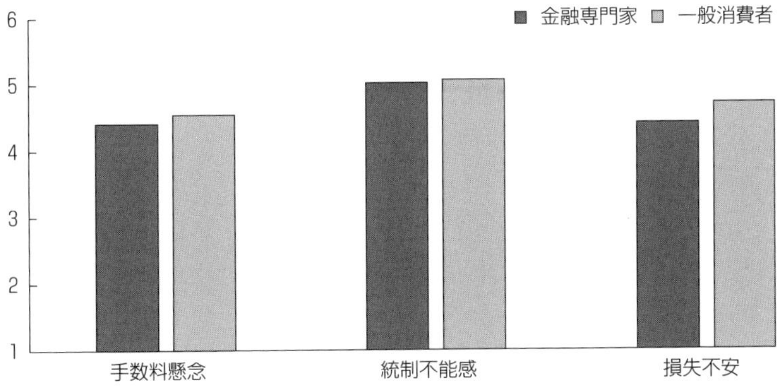

図 3-4　金融リスク認知尺度の専門性ギャップ

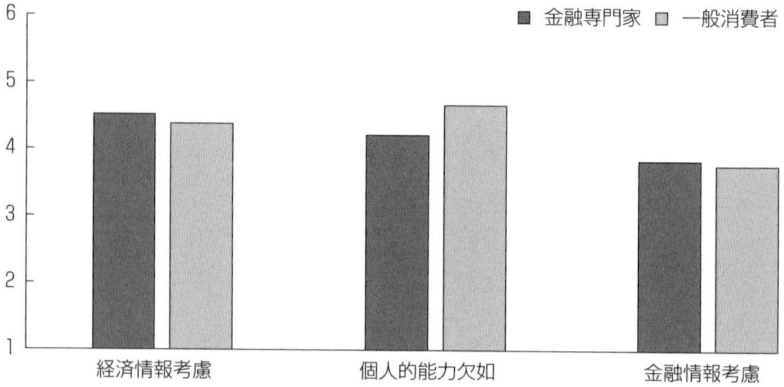

図3-5　個人的・社会的考慮の専門性ギャップ

を行った。その結果，職業差に関しては，予想に反して経済状況考慮も金融情報考慮に対しても有意差はなかった（$F(1, 298) = 1.68$ and .34, *n.s.*）。個人的能力欠如に対してのみ，有意な効果が見られ（$F(1, 298) = 10.75$, $p < .01$），一般消費者（非金融業従事者）の方が金融専門家（金融業従事者）よりも個人的能力が欠如しているとの評定が高かった（図3-5参照）。

③ **投資態度尺度と専門性ギャップ**　職業差については，特に投資態度に関する仮説はなかったが，投資態度を測度，職業差を要因として一元配置分散分析を行った。その結果，安全性・確実性志向，コスト重視志向，ハイリスク・ハイリターン志向，信憑性依拠のいずれの投資態度に対しても，職業差の主効果は有意ではなかった（$F(1, 298) = .03$, 1.19, 2.67, and .01, *n.s.*）。

④ **金融心理尺度の専門性ギャップについての考察**　結果をまとめると，「損失不安」（金融リスク認知因子の下位尺度，表2-3参照），「個人的能力欠如」（個人的・社会的考慮尺度の下位尺度，表2-4参照）に関しては，一般消費者の方が金融専門家よりも高い得点を示していた。

この結果は，第2章で金融心理尺度の併存的妥当性について一般的リスク認知尺度を用いて検討したデータと合致する。表2-7に示す金融リスク認知尺度の「損失不安」と一般的リスク認知尺度の「恐ろしさ」と「未知性」の両方に正の相関が見られたこととも関係がうかがえる。他のすべての下位尺度において，「恐ろしさ」と「未知性」の両方と有意な正の相関があったものはない。金融専門家より知識や経験が少ない一般消費者にとっては，未知性が高くて損失不安が高まると解釈できる。「個人的能力欠如」についても然りで，金融の知識の差が反映したと考えられる。

損失不安については，金融専門家は金融の知識や金融行動の経験が豊富であるため，損失不安が減少するのではないかと考えられる。したがって，金融リスク認知の中でも損失不安，個人的・社会的考慮の中では個人的能力の部分は，一般消費者も金融の知識を増やして投資の経験等の金融行動のトレーニングを行うなど，学習することによって金融行動の専門性ギャップを減らすことができる領域かもしれない。

一方，投資態度尺度（「安全性・確実性志向」「コスト重視志向」「ハイリスク・ハイリターン志向」）に関しては，一般消費者と金融専門家の間に有意差はなく，専門性ギャップは見出されなかった。投資の態度は，専門性が高いかどうかとは関連が低く，パーソナリティに依存していると考えられる。つまりどれほど金融の知識を教育，あるいは学習して獲得できたとしても，パーソナリティとしての安全性確実性志向，ハイリスク・ハイリターン志向，信憑性依拠は根強く，安全性確実性志向が高い人はリスクが低い元本保証の商品を志向し，ハイリスク・ハイリターン志向の人はリスクの高い値動きのある商品に投資し，信憑性依拠の人は金融に詳しく信頼できる人に相談して決めるということは変わらないのかもしれない。

だとすると，投資態度尺度は専門性の影響を受けない投資態度のパーソナリティ指標となりうるのではないかと推察される。この投資態度のパーソナリティによって，実際にどのような金融商品に投資を行おうとするのかについては，後段で明らかにしていきたい。その前に，次節では金融心理尺度で測定できる心理的側面以外に，金融行動に影響するデモグラフィック要因を押さえておきたい。

2. デモグラフィック要因と金融心理尺度が投資行動に与える影響

本節では，前節で検討した金融への態度尺度が，実際の金融商品の保有状況と投資意欲にどのような影響があるのか，また他のデモグラフィック変数と比較してどの程度の影響力があるのかを検討する。データの検討は，佐々木(2015) の調査データの一部を抜粋して行う。

[1] 調査の概要

本節の調査は，2013年12月に，調査会社（マイボイスコム（株））を通してweb調査により実施したものである。調査対象は，30〜60代の社会人2,000人（男性1,000人，女性1,000人，平均年齢47.45歳，$SD = 11.02$）であった。金融業従事者は，平成22年国勢調査（産業別）を参照し，実態に合わせて全体の3％となるように割り付けを行っている。この調査データでは，現実に近い専門家の構成として金融業従事者の割合を3％に割り付けているため，専門性ギャップの分析は行わない。

1) デモグラフィック項目

性別，年齢，年収階層，学歴，結婚の有無，子供の数，年齢階層，金融業・非金融業カテゴリー，職種，居住地域が測定された。年齢，子供の数は連続変数で，その他の変数はカテゴリー変数である。これらの金融業・非金融業カテゴリー以外は，被調査者がモニターとして事前にマイボイスコム（株）のデフォルト項目に回答したものであった。

2) 金融行動に関する項目

実際の投資行動を調べるため，予備調査によって選定された9商品が用いられた。商品は，預金，国債，社債，株式，投資信託，保険商品，確定拠出型年金，金，MMFの9商品であった。これらに関して，運用経験の有無（あり／なし），理解度（内容を全く理解してない〜内容を十分理解している：6件法），運用意欲（運用を希望する程度：全く運用したくない〜非常に運用したい，6件法），商品リスク認知度（リスクを感じる程度：非常にリスクが低い〜非常にリスクが高い，6件法）が測定された。さらに金融心理尺度について測定されている。

3）金融商品の運用に関する項目の選定

この9商品を選定する際の予備調査では，いずれの金融商品についても，それらの認知度にそれほど大きな差が見られなかったが，実際の運用の経験の有無に関しては，以下のような結果となった。預金（運用なし30.8%，運用あり69.2%），国債（運用なし81.0%，運用あり19.1%），社債（運用なし89.1%，運用あり10.9%），株式（運用なし30.8%，運用あり69.2%），投資信託（運用なし54.7%，運用あり45.4%），保険商品（運用なし75.6%，運用あり24.3%），確定拠出型年金（運用なし89.9%，運用あり10.2%），金（運用なし90.0%，運用あり10.0%），MMF（運用なし83.0%，運用あり17.1%）であった。

このうち，預金に関しては，預金を保有するかどうかであり，投資する・運用するという表現はしないため，誤解があった可能性があり，注意が必要であり，適宜分析から省く。さらに，実際に広く運用されているものについての検討を行うため，運用なしが80%以上でかつ運用ありが20%以下のものを省いて分析した。以下，株式，投資信託，保険商品に関する佐々木（2015）の分析結果を抜粋する。

［2］調査結果1：金融商品の運用と性差

性差が各金融商品の運用経験に与える影響を検討するため，カイ2乗検定を行った。その結果，株式（$\chi^2 = 56.27, p = .00$），投資信託（$\chi^2 = 6.98, p < .01$），の性差が有意で，保険商品については性差の影響は有意ではなかった。図3-6に示すように，株式も投資信託も男性の方が女性よりも運用経験が多かった。これは，図3-3に示した投資態度の性差の傾向で「ハイリスク・ハイリターン志向」の男性の平均値が高く，「安全性確実性志向」の評定値が女性の方が男性より高いことや，金融リスク認知尺度がすべて女性の方が男性よりも高いこと（図3-1）が要因となっていることが推察される。

［3］調査結果2：金融商品への購入意思決定の専門性ギャップ

1）金融心理尺度が投資に及ぼす影響：一般消費者 vs. 金融専門家

金融心理尺度は，金融リスク認知，個人的・社会的考慮尺度，投資態度尺度

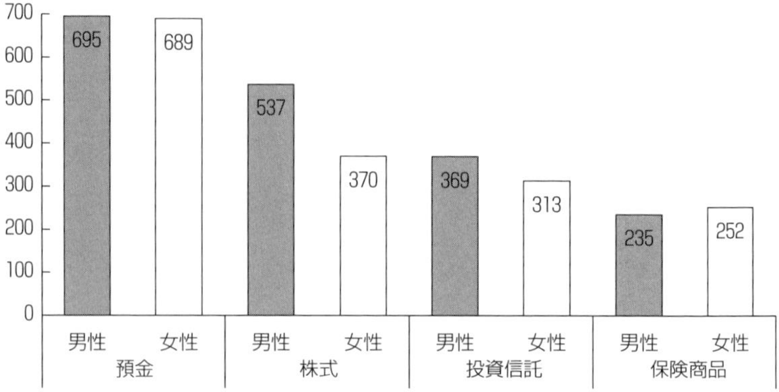

図 3-6　性別ごとの各種金融商品の運用経験

で構成されるが，これらが投資にどのような影響を及ぼすかを検討する。すなわち，どのような金融への認知や態度がそれぞれの金融商品への投資を動機づけるかという投資の意思決定の心理過程について金融心理尺度を用いて明らかにした（佐々木・中林，投稿中）。

さらに，こうした投資の意思決定を行うプロセスが金融専門家と一般消費者の間で違いがあるのかどうかを明らかにする。そのため，実態としては金融専門家は全体の３％ほどであるが，投資の意思決定の心理プロセスを比較検討するため，両者を同数のデータで同時期に行った調査データを用いて分析を行う。

調査は，佐々木・大久保（投稿中）のデータを２次利用したものである（N = 300 人，平均年齢 47.13, SD = 9.81）。この調査データは，金融専門家と一般消費者が 150 人ずつに割り付けされており，両者を偏りなく比較することができる。

分析の枠組みとしては，金融心理尺度で測定された金融リスク認知，個人的社会的考慮，投資態度およびデモグラフィック変数が，金融商品への投資の意欲にどのような影響を及ぼすかを検討する。デモグラフィック変数に関しては，データの収集を委託した業者（マイボイスコム株式会社）のモニター登録データのうち，性差，年齢，収入を分析に用いる。さらに金融商品への投資意欲の測定は，それぞれ預金，株式，投資信託，保険商品および国債に対し，７件法（全く投資したくない～非常に投資したい）で測定されている。金融心理尺度

表 3-1　金融心理尺度，性別，年齢，年収が金融商品の投資意欲に与える影響（一般消費者）

		預金	株式	投資信託	保険商品	国債
社会的変数	性別	—	—	—	—	—
	年齢	—	—	—	—	—
	年収	—	—	—	—	—
金融リスク認知	手数料懸念	—	—	.30*	—	—
	損失不安	—	—	–.29*	—	—
	統制不能感	—	—	—	—	—
個人的社会的考慮要因	経済状況考慮	—	—	.38**	—	–.33*
	個人的能力欠如	—	—	–.29*	—	—
	金融情報考慮	—	—	.33**	—	—
投資態度	安全性確実性志向	.58**	—	—	—	.43**
	信憑性依拠	–.30*	—	—	—	.37**
	ハイリスク・ハイリターン志向	–.26*	—	.29**	—	—
	コスト重視志向	—	—	—		—
	R^2	.23	.01	.28	.01	.10
	F	5.99**	1.16	5.51**	1.11	2.30**

$^{**}p < .01$, $^{*}p < .05$

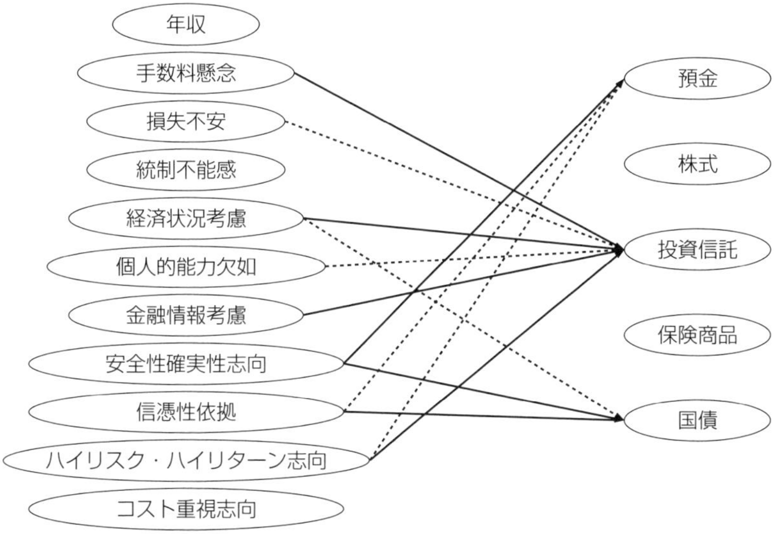

図 3-7　社会的変数と金融心理尺度が投資意欲に与える影響（一般消費者）
（実線は正の影響，破線は負の影響を示す）

表 3-2 金融心理尺度，性別，年齢，年収の相関分析表（一般消費者）

	手数料懸念	統制不能感	損失不安	経済状況考慮	個人的能力欠如	金融情報考慮	安全性・確実性志向	ハイリスク・ハイリターン志向	コスト重視志向	信憑性依拠	性別	年齢	年収
手数料懸念	1	.61**	.80**	.52**	.44**	.41**	.27**	−.01	.29**	.19*	.22**	.11	.00
統制不能感		1	.65**	.51**	.56**	.28**	.42**	−.02	.36**	.27**	.22**	.11	.08
損失不安			1	.46**	.55**	.34**	.38**	−.06	.33**	.23**	.23**	.09	.01
経済状況考慮				1	.60**	.73**	.45**	.13	.53**	.43**	.05	.11	.13
個人的能力欠如					1	.41**	.52**	−.02	.37**	.39**	.33**	.03	−.07
金融情報考慮						1	.27**	.29**	.44**	.41**	−.08	−.03	.17
安全性・確実性志向							1	.33**	.69**	.65**	.05	−.09	.10
HRHR 志向								1	.44**	.39**	−.21**	−.18*	.11
コスト重視志向									1	.74**	−.10	−.09	.15
信憑性依拠										1	−.04	−.16*	.19*
性別											1	.02	−.21
年齢												1	.11

$^{**}p < .01$, $^{*}p < .05$

表 3-3 金融心理尺度，性別，年齢，年収が金融商品の投資意欲に与える影響（金融専門家）

		預金	株式	投資信託	保険商品	国債
社会的変数	性別	—	—	—	—	—
	年齢	—	—	—	—	—
	年収	—	—	.17*	.26**	—
金融リスク認知	手数料懸念	—	—	—	—	—
	損失不安	—	—	—	—	—
	統制不能感	—	.39**	—	—	—
個人的社会的考慮要因	経済状況考慮	—	—	—	—	−.37**
	個人的能力欠如	—	—	—	—	—
	金融情報考慮	—	—	—	—	—
投資態度	安全性確実性志向	.40**	—	—	—	.34**
	信憑性依拠	—	—	—	.31*	—
	ハイリスク・ハイリターン志向	—	—	—	—	—
	コスト重視志向	−.19*	—	.36**	—	—
	R^2	.18	.17	.24	.22	.11
	F	3.55**	2.19*	4.68**	4.21**	2.46**

$^{**}p < .01$, $^{*}p < .05$

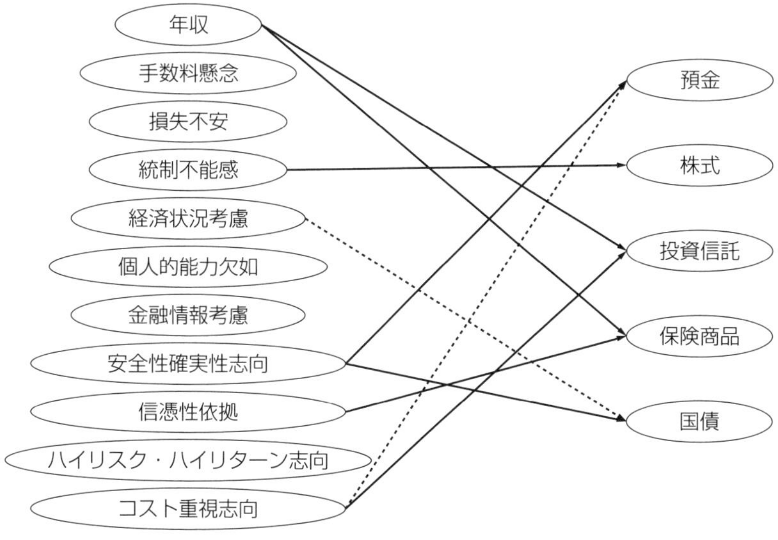

図 3-8 社会的変数と金融心理尺度が投資意欲に与える影響（金融専門家）
（実線は正の影響，破線は負の影響を示す）

表 3-4　金融心理尺度，性別，年齢，年収の相関分析表（金融専門家）

	手数料懸念	統制不能感	損失不安	経済状況考慮	個人的能力欠如	金融情報考慮	安全性・確実性志向	ハイリスク・ハイリターン志向	コスト重視志向	信憑性依拠	性別	年齢	年収
手数料懸念	1	.53**	.69**	.40*	.53**	.21**	.35**	−.14	.13	.15	.27**	.05	.00
統制不能感		1	.53**	.45**	.40**	.12	.32**	−.14	.23**	.14	.10	.07	−.02
損失不安			1	.31**	.71**	.21**	.49**	−.29**	.12	.32**	.35**	−.01	−.11
経済状況考慮				1	.32**	.55**	.39**	.10	.57**	.41**	.05	.04	−.02
個人的能力欠如					1	.20**	.52**	−.33**	.04	.29**	.48**	.00	−.18**
金融情報考慮						1	.20**	.28**	.36**	.42**	−.06	−.08	.04
安全性・確実性志向							1	−.01	.52**	.64**	.24**	−.13	−.17*
ハイリスク・ハイリターン志向								1	.41**	.26**	−.23**	−.18	.04
コスト重視志向									1	.64**	−.11	−.12	−.01*
信憑性依拠										1	.15	−.28**	−.19*
性別											1	−.06	−.11
年齢												1	.08

$^{**}p < .01$, $^{*}p < .05$

の調査項目は第2章で示したとおりである。

投資の対象となる各金融商品への投資意欲を目的変数とし，投資態度，個人的・社会的考慮要因，金融リスク認知尺度，社会的変数（性差・年齢・収入）を説明変数として重回帰分析（強制投入法）を行った。まず一般消費者のみのサンプルに対してこの分析を行った（表3-1）。次に金融専門家のみのサンプルに対してこの分析を行った（表3-2）。表中には，有意な影響のみ偏回帰係数を示した。

2）デモグラフィック要因の影響

まず金融商品への投資意欲に対するデモグラフィック要因の影響については，性別と年齢については，一般消費者群も金融専門家群もどちらも有意な影響が見出されなかった。このデータからは，金融商品への投資意欲に性差と年齢差はあまり関連しないと考えられる。年収に関しても，一般消費者群は有意な影響は見られなかった。一方，金融専門家群では，年収が高いほど投資信託，および保険商品への投資意欲が強いという正の影響が見られた。

金融専門家群では，保険商品に対して有意なモデルであったが，一般消費者群ではモデル自体有意でなかったのは何故だろうか。いずれも一般消費者にとっては，よく知られていない商品で，投資意欲はあまり生じないのかもしれない。特に保険商品は，将来の病気やケガなどの損害のリスクに備えて加入している場合が多く，投資の目的以外で保有しているケースが多いのかもしれない。そうした意味でも，保険については被害のリスクを中心に認知されている部分も大きく，金融心理尺度とは異なる測定尺度が必要かもしれない。そうした保険商品の認知に関する項目は，別の研究で作成されている（中林・佐々木・大久保, 2013）。

3）共通点が多いモデル

一般消費者（図3-7）と金融専門家（図3-8）の投資意欲に影響する要因に共通点が多いのは，預金と国債だった。預金に関しては，一般消費者群と金融専門家群でともに安全性確実性志向が正の影響が有意で，安全性確実性志向が強いほど預金に投資する意欲が高まることを示していた。一般消費者群では，それ以外に信憑性依拠とハイリスク・ハイリターン志向とは負の影響が有意で，専門家や信頼できる人の意見に即して投資しようとする考えが強いほど，預金を契約する意欲は減じられる傾向が見られた。投資信託については，金融専門家群では収入以外はコスト重視志向と投資意欲の間に正の影響が見出された。商品の情報や値動きなどを常に把握するコストなどが少ないという理由で投資信託を選んでいるのかもしれない。

一方，一般消費者群では，手数料懸念，社会経済状況考慮，金融情報考慮，ハイリスク・ハイリターン志向に正の影響が有意で，個人的能力欠如の負の影響が有意であった。手数料懸念が強いほど，またハイリスク・ハイリターン志向が強いほど投資意欲が強くなるのは，短期利益を追う株式のように都度都度手数料がかからないことや，デフォルトリスク以外はあまりリスクが思い当たらない預金や国債よりもハイリスクでより利益が高い商品を求めると，投資信託に落ち着くのかもしれない。個人的能力欠如が低い方が投資信託への投資意欲が強いという結果については，構成される商品や運用の実績や今後の見通しなどについてある程度知識や理解が深くないと投資しようという意欲は強まらないからだと思われる。

4）金融心理尺度を用いる意義

① デモグラフィック要因からは予測できない因果関係　結果を概観すると，商品の特徴がそれぞれ異なるなかで，金融心理尺度の下位尺度の金融リスク認知要因，個人的社会的考慮要因，投資態度が，それぞれ促進したり抑制するという因果関係がうかがえた。こうした因果関係は，一般消費者においては，性別・年齢・収入といったデモグラフィック要因ではうかがい知ることができないものである。そのため，金融心理尺度を測定することは，金融商品の投資を考える上では意義のあることと捉えられる。

② 専門性ギャップの可視化　専門性ギャップについては，金融心理尺度を測定することで明確になり，一般消費者と金融専門家が，結果として同じ金融商品に投資したとしても，投資するまでの意思決定過程，金融に対する認知・態度・情報検索を伴う考慮要因など，各金融商品を購入しようという動機づけを高める要因は，一般消費者と金融専門家の間でまったく異なるモデルが

機能していることがうかがえた（図 3-7 および図 3-8）。

この因果関係モデルは，裏を返せば金融心理尺度の得点がわかれば，その人がどのような金融商品に対して投資意欲を持ちやすいかを予想できることを意味する。これは，これから投資を行いたいが，どのような商品について関心を持って調べればよいのかわからない場合，また自分が何を求めているか自覚していないという場合に有効であると思われる。つまり金融心理尺度の自己評定を自己採点し，その得点から投資意欲の方向性を知ることができる可能性を秘めているからだ。このことは意に沿わない金融商品を，専門家の意見で購入してしまい，満足のいく投資が行えないケースを減らし，納得のいく投資行動を行うために活用することができるかもしれない。つまり自らの投資の傾向を知ったうえで，自律的にさまざまな金融商品の投資を検討するために支援できる可能性がある。

また，金融の専門家が一般消費者に業務上商品を説明したり勧める場合，自己の金融商品投資のモデルにのみ頼って推薦すると，消費者から反発を招いたり離反されたり，極端な場合はコンプライアンス違反を疑われてトラブルが生じかねない。金融専門家と一般消費者の間の投資の意思決定の心理プロセスの違いを理解することで，より一般消費者のニーズに応える営業や商品開発に結び付けることができるかもしれない。

もちろん，金融心理尺度以外にも投資の傾向を予想する尺度は多く存在すると思われる。複数の尺度を用いて測定して考察する方が，心理過程を理解する上では望ましいとされている。それは，臨床心理や教育心理，社会心理，認知心理だけでなく，経済心理の場面でも同じだと思われる。そこで次節では，複数の金融行動を測定する尺度によって投資の意欲の予測性を比較・検討する。

3. 金融行動に関する諸尺度と投資意欲[注)]

[1] 金融行動を測定する諸尺度の検討

金融行動を測定する尺度は，多数作成されているが，それらはどの程度個人

注）本節は，佐々木（2017）の論稿に加筆修正を加えたものである。

の投資意欲を予測できるのだろうか。本研究では，これまで作成されてきた多種多様な金融行動に関する尺度が，金融商品の投資意欲にどのような影響を与えるのかを実証的に検討することを目的とする。そのため，金融行動を測定する尺度によって測定されたデータと投資意欲の関係を調査によって検討する。まず金融行動に関する尺度のうち，妥当性があると思われる尺度を選定する。

これまで作成された金融行動に関する尺度については，佐々木（2017）は，金融行動に関する心理学的研究についてのレビューの中で，その妥当性について検討している。その中でも，「お金に対する態度尺度」（原岡, 1990）と「大学生用お金に対する信念尺度」（渡辺, 2014）は，設問がキャッシュとマネーと区別して捉えていないこと，調査対象が大学生であることが問題点として挙げられた。村上・西村（2012）の投資家タイプと金融資産の選択についての尺度も，金融教育の効果の測定が試みられているもので学生が調査対象であった。このため，金融行動の概念も実際の金融行動も正確に捉えているとは考えにくかった。

一方，社会人を対象に行われた調査によって作成された尺度では，荒木ら（2000）の生活意識に関する因子，金融リスク意識に関する因子，金融行動意識関する因子が抽出されていたが，これらの因子分析の妥当性が確認することができなかった。

また，原田（2003）は，Schachter（1962）のリスク認知の研究を参考に，金融リスクに関する知覚リスクを，「機能的リスク」「経済的リスク」「時間的リスク」「社会的リスク」「商品リスク」「心理的リスク」「機関リスク」「機会損失リスク」「帰結リスク」「総合的リスク」の10の知覚リスクに理論的に分類しているが，これらの測定方法の詳細は述べられていない。原田の知覚リスクの分類（2003）は，金融リスク認知の部分のみが扱われ，統計的な妥当性が検討されたものではなかった。

この原田（2003）の知覚リスクをもとに，佐々木・大久保（投稿中）は，30代から60代の社会人を対象とした調査を行い，「金融リスク認知尺度」「個人的・社会的要因尺度」「投資態度尺度」で構成される金融心理尺度を開発した。これらは佐々木・中林・瀧川（2015）によって，十分な構造的妥当性が確認されている。いずれの尺度も信頼性係数αは，.80以上で，高い一貫性のある因子が抽出されている。

他方，一般の社会人ではなく，金融機関の顧客を調査対象として金融行動を測定する尺度が開発されている。その1つが大竹・伊東（2000）の投資・貯蓄意識に関する尺度である。2度の分析によって「金融関与の高さ（利殖・貯蓄に対する関心程度）」および「堅実度（貯蓄–投資願望）」の2因子構造が見出されている。尺度の一貫性については検討されたデータは発表されていない。

同様に金融機関の顧客データを用いた研究として，長田・長田・本橋・守口（2002）の金融意識の尺度が挙げられる。これらは，「資産運用系」「渡り鳥系」「保守系」「他人依存系」の4因子構造が見出されている。他に，保有商品，銀行評価についての因子分析が行われ，それらに対して共分散構造分析が試みられているが，本研究は金融行動に関する尺度の比較を目的としているので，他の2つの尺度については詳しくは触れない。

以上のような金融行動を測定する尺度の研究が散見されるが，その中で金融行動そのものが扱われており，尺度としての妥当性がある程度検討されているものは，佐々木・大久保（投稿中）の金融心理尺度，大竹・伊東（2000）の投資・貯蓄意識に関する尺度，および長田ら（2002）の金融意識の尺度である。本研究では，これらの妥当性が確認された金融行動尺度を用いて，これらが投資意欲に与える影響を調査によって検討する。

[2] 金融行動に関する諸尺度が投資意欲に与える影響（佐々木, 2017）

1）方　法

金融行動に関する諸尺度が，投資の意思決定を予測することができるのかどうかを検討するため，一般の社会人を対象として，金融心理尺度（佐々木ら，投稿中），投資・貯蓄意識に関する尺度（大竹・伊東, 2000），および金融意識の尺度（長田ら, 2002）の3つの尺度を用いて調査を行った。調査対象は全国の1000人（男性500人，女性500人，平均年齢50.33，SD = 9.72）を参加者とし，モニターリサーチ会社（株）マイボイスコム株式会社を通してweb画面を通して調査を実施した。参加者は，設問に回答する前に研究の目的を読んで研究の趣旨を理解しデータへの協力を承諾したものだけが回答に進むように設計された。質問項目は上記の3つの尺度について，金融心理尺度は6点尺度

(全く当てはまらない〜非常に当てはまる)，投資・貯蓄意識および金融意識の尺度は中点に「どちらともいえない」を含む7点尺度（全く当てはまらない〜非常に当てはまる）以外に，モニターの登録されている個人情報（年齢・性別・収入・職業・既婚未婚・家族形態・学歴)，および金融商品（貯蓄・国債・社債・投資信託・株式）への投資意欲が測定された。投資意欲は，中点に「どちらともいえない」を含む7点尺度（全く運用したくない〜非常に運用したい）で測定された。

2）結　果

金融行動の3つの尺度および調査対象の個人情報が，金融商品への投資意欲にどのような影響を与えるかを検討するため調査を分析した。各尺度の測度は，尺度を構成する項目の得点の平均値とした。そのうえで，目的変数に金融商品への投資意欲，説明変数に3つの金融行動に関する尺度，および被調査者の個人変数（性別，年齢，年収）を投入して重回帰分析（強制投入法）を行った。なお，説明変数に用いられた個人変数は，佐々木（2015）の調査で金融商品への投資意欲との関連が見出されている。

まず3つの金融行動に関する尺度について，それぞれ尺度の一貫性を確認した。その結果，金融心理尺度の下位尺度，金融リスク認知尺度の手数料懸念（α = .94)，統制不能感（α = .92)，損失不安（α = .93)，個人的社会的考慮要因の経済状況考慮（α = .93)，個人的能力欠如（α = .93)，金融情報考慮（α = .87)，および投資態度尺度の安全性・確実性志向（α = .94)，ハイリスク・ハイリターン志向（以下，HRHR志向)（α = .82)，コスト重視志向（α = .83)，信憑性依拠（α = .91)，いずれも信頼性は高く，良好な一貫性を示していた。

投資・貯蓄意識に関する尺度（大竹・伊東, 2000）の金融関与（α = .88）の信頼性は良好であったが，堅実度（α = .65）は信頼性が低かった。また金融意識の尺度（長田ら, 2002）の渡り鳥系（α = .73）と保守系（α = .80）の信頼性は十分であったが，資産運用系（α = .66）と他人依存系（α = .68）の信頼性は低かった。

以上の結果から，金融行動に関する3つの尺度の中で，信頼性係数が .70未

表 3-5　金融行動に関する尺度が金融商品への投資意欲に与える影響

			国債	社債	投資信託	株式	預金
金融心理尺度	金融リスク認知	手数料懸念	—	—	—	—	—
		統制不能感	-.15**	—	—	.11*	—
		損失不安	—	—	—	-.17**	.13*
	個人的・社会的考慮要因	経済状況考慮	—	—	.09*	.10*	—
		個人的能力欠如	—	—	-.09*	-.12**	—
		金融情報考慮	.09*	.08*	—	—	—
	投資態度	安全性・確実性志向	.18**	.12*	—	—	.38**
		ハイリスク・ハイリターン志向	—	—	—	.09**	-.14**
		コスト重視志向	—	—	—	.12**	—
		信憑性依拠	.04*	.10*	.22**	—	—
投資・貯蓄意識		金融関与	.26**	.27**	.28**	.34**	.20**
金融意識		渡り鳥系	.07*	.09**	.08*	—	—
		保守系	-.13**	-.14**	-.15**	-.11**	—
個人変数		性別	-.09**			-.06*	-.11**
		年齢					—
		年収	.07*	.06*		.06*	—
		R^2	.16	.21	.27	.41	.18
		F	12.13**	16.89**	23.10**	42.28**	13.61**

$^{**}p < .01$, $^{*}p < .05$

満のものを説明変数から除外して，回帰分析を行った。重回帰分析の結果を表 3-5 に示す。表 3-6 に変数間の相関を示す。

表 3-5 に示すように，金融関与については，いずれの金融商品に関しても正の影響を与えていることが明らかになった。つまり，これらの尺度得点が高いほど，金融商品を購入する意欲が強くなることがうかがえる。逆に，保守系に関しては，有意な負の影響が見られ，保守系の得点が高いほど，金融商品の購入意欲が低くなることがうかがえる。性別に関しては，女性よりも男性の方が国債・株式・預金の運用意欲が強まる傾向が見られた。また，年収に関しては，年収が高いほど国債・社債・株式への投資意欲が強まることが示された。

一方，金融心理尺度については，『統制不能感』については国債には有意な

表 3-6 金融行動に関する尺度と個人変数の相関

	手数料懸念	統制不能感	損失不安	経済状況考慮	個人的能力欠如	金融情報考慮	安全性・確実性志向	HRHR 志向	コスト重視志向	信憑性重視志向	金融関与	渡り鳥系	保守系	性別	年齢	年収
手数料懸念	1	.74**	.75**	.30**	.47**	.16**	.47**	-.14**	.33**	.29**	.00	.09**	.45**	.10**	.07*	-.00
統制不能感		1	.74**	.36**	.51**	.15**	.49**	-.16**	.37**	.28**	.08**	.12**	.46**	.09**	.11*	.05
損失不安			1	.28**	.60**	.16**	.62**	-.28**	.28**	.41**	-.12**	-.02	.58**	.22**	.05	-.05
経済状況考慮				1	.41**	.70**	.34**	.21**	.49**	.31**	.26**	.29**	.06**	.02	.08*	.15**
個人的能力欠如					1	.31**	.57**	-.20**	.29**	.51**	-.19**	-.06	.48**	.23**	.02	-.09**
金融情報考慮						1	.20**	.33**	.38**	.30**	.17**	.24**	-.02	-.03	.02	.11**
安全性・確実性志向							1	-.17**	.54**	.65**	-.10**	.09**	.50**	.16**	.04	.01
HRHR 志向								1	.36**	.15**	.39**	.29**	-.37**	-.21**	-.02	.08*
コスト重視志向									1	.60**	.27**	.32**	.10**	-.01	-.07*	.09*
信憑性依拠										1	.03	.16**	.27**	.15**	-.10**	.02
金融関与											1	.47**	-.12*	-.05	.02	.27**
渡り鳥系												1	.06	.00	-.00	.18**
保守系													1	.24**	.08*	-.07*
性別														1	-.15**	.00
年齢															1	.11**

$^{**}p < .01$, $^{*}p < .05$

負の影響，株式には有意な正の影響を与えていた。すなわち，『統制不能感』が高い人ほど，国債の投資意欲は抑制され，株式への投資意欲が強まることが示された。これは，国債は変動リスクが低く，株式は変動リスクが高いため，統制不能な変動を利用して利益を得るというリスクをとって株式に投資する行動が生じるためだと考えられる。

金融心理尺度のうち，『損失不安』に関しても株式と預金に対して有意な影響が見られた。株式に対しては負の影響で，『損失不安』が高いほど株式への投資意欲は抑制されていた。預金に対しては，正の影響で，『損失不安』が高いほど預金への投資意欲が強まっていた。

『経済状況考慮』については，投資信託と株式に対する有意な正の影響が見られ，経済状況を考慮する人は，投資信託・株式への投資意欲が強められていた。これは，経済状況に敏感な人は，投資信託や株式に興味が強いからかもしれない。『個人的能力欠如』については，経済状況考慮と逆のパターンが見られ，投資信託・株式への投資意欲が抑制されていた。個人的能力欠如については，投資を行う能力が低いと自覚しているために，リスクの高い金融商品への投資が抑制されていると考えられる。

金融心理尺度の下位尺度，「投資態度尺度」については，「安全性・確実性志向」が，国債・社債・預金への投資意欲に正の影響を示していた。ここからは「安全性・確実性志向」の人は，リスクが低い金融商品に投資する意欲が強いことがうかがえる。「信憑性依拠傾向」に関しては，国債・社債・投資信託への正の影響が見られ，国債や社債だけでなく，ややリスクの高い投資信託への意欲も強められていた。これは，投資信託に関する知識がない場合でも，専門知識がある人の判断に依拠することによって，投資の意欲が強められる行動パターンであることがうかがえる。「ハイリスク・ハイリターン志向」については，株式に対して正の影響，預金に対して負の影響が見られた。つまり，「ハイリスク・ハイリターン志向」の人は，株式などリスクの高い商品への投資意欲が強く，ゼロリスクの預金への資金移動には否定的だと推察される。『ハイリスク・ハイリターン志向』の人は，リスクを取って利益を獲得しようとする行動パターンがうかがえる。

一方，「コスト重視志向」の場合は，株式の投資意欲のみに正の影響が見られた。この解釈は困難だが,「コスト重視志向」には,余裕資金の検討やコスト比較をするという測定項目があるため,コストをかけたものに,利益が見込まれない預金などよりも利益が見込まれる株式を志向しているのかもしれない。

以上,金融行動に関する尺度と投資意欲の関係を概観すると,金融関与や「渡り鳥系」・「保守系」といった金融機関でのアンケートを基に作成された尺度については,それらの得点が高いか低いかによって,金融商品全般への投資が積極的か(「金融関与」・「渡り鳥系」),あるいは消極的か(保守系),という行動傾向が予測可能であると思われる。しかし,これらの尺度では,それぞれ質が異なるリスクの高さやリスクの異なる金融商品への投資の志向性の違いを弁別することはできなかった。

これに対し,金融心理尺度の場合は,金融リスク認知次元,金融リスクの周辺次元である個人的社会的要因の考慮次元,さらに投資態度というそれぞれ別の心理過程についての下位尺度を測定することができる。これによりそれぞれの下位尺度が各種の金融商品の特徴を捉えて得点化することを可能としている。

ここではリスクが低い国債や社債などの商品に対しては,「金融情報考慮」や『安全性・確実性志向』が投資意欲を強めることが明らかになり,「ハイリスク・ハイリターン志向」や「コスト重視志向」などは株式などのリスクの高い金融商品への投資意欲が強められることが明らかになった。また,『個人的能力欠如』は,特に投資信託や株式など変動性リスクが高い商品への投資を抑制する効果が見出された。

3) 考　察

研究の結果,金融心理尺度は,少なくとも,今回取り上げた国債・社債・投資信託・株式・預金といった金融商品や資金移動のうち,どのような性質のものを好む志向性があるのかがある程度予測できることが示された。またそのことにより,金融商品の志向性も弁別できることが示唆された。こうしたことから,金融行動に関する尺度は,投資行動をより詳細に予測できると考えられる。

今回は金融機関で行われた調査を基に作成された尺度と,一般の消費者や専門家の討議データから作成され,予備調査によって尺度の妥当性が確認された金融心理尺度が用いられた。金融機関での調査は,直接金融に関する個人情報なども含まれており，分析するべきデータが多くあり，これからも金融行動の解明が進められると考えられる。一方で，金融心理尺度に関しては，特別な金融情報や個人情報がなくても，こうした尺度は，質問紙さえあれば，簡単に自己評定することができる。それによって，消費者自身が自己の金融行動の性質を把握し，それを考慮したうえで自分のニーズに合う投資商品の選択に活かしていく可能性を秘めている。

ただし，こうした目に見えず，金額のような具体的な形であらわすことができず，さらに自分自身が言語化することもできない（あるいは言語化しても正確であるとは限らない）金融行動の心理過程については，通常1つの尺度だけで測定して判断することは良くないと考えられる。なぜなら1つの尺度で測定する部分はごく一部であり，その部分だけを測定したスコアで全体を把握したように捉えることは，判断のバイアスを生じることになりかねないからだ。

また，本節の分析結果と前節の分析結果では，分析結果がまったく合致しているわけではない。こうした心理測定尺度を用いた研究で，サンプルの違いによって予想される結果が異なり，再現性が必ずしも保たれないことは問題視されている。したがって，金融心理尺度を含め，多くの金融行動を測定する尺度が開発され，妥当性が確認された複数の尺度を組み合わせるテスト・バッテリーを行うことがより望ましいと思われる。

今後，さまざまな測定尺度が開発され，多くの人が自己や相談を受けた他者の活用法が期待されるだろう。その中で，われわれが開発した金融心理尺度が，あくまでも商用ではなく本人が適応的に金融行動を行うための支援になれば幸甚である。金融心理尺度だけでなく，その他の金融行動を測定する尺度の開発のために，本書が少しでも役立つことを願いつつ筆をおくことにする。

【引用文献】

荒木 和行・荒牧 寧志・加藤 徹久・生田目 崇・齊藤 智（2000）．ライフ・スタイルと金融商品選択行動　オペレーションズ・リサーチ：経営の科学, *45*, 649-654.

原田 祐介（2003）．金融商品への関与と知覚リスクが金融商品選択に与える影響　*JILI FORUM, 12*, 100-110.

原岡 一馬（1990）．お金に対する態度と価値志向Ⅰ――態度の構造と態度尺度の構成　名古屋大学教育学部紀要教育心理学科, *37*, 199-216.

広瀬 弘忠・Slovic, P.・石塚 智一（1993）. 大学生のリスク認知に関する日米比較研究 社会心理学研, *9*(2), 114-122.

村上 恵子・西村 佳子（2012）. 金融教育が家計の金融資産選択に及ぼす影響――投資家タイプ別にみた教育効果測定の試み　季刊　個人金融 2012 冬, 31-42.

中林 真理子・佐々木 美加・大久保 重孝（2013）. 自動車保険加入時のリスク認知に関する調査――金融商品購入決定モデルにもとづく検討　損害保険研究, *75*, 1-31.

岡田 涼・小塩 真司・茂垣 まどか・脇田 貴文・並川 努（2015）. 日本人における自尊感情の性差に関するメタ分析　パーソナリティ研究, *24*(1), 49-60.

大竹 延幸・伊藤 克哉（2000）. 投資・貯蓄意識による金融行動セグメンテーションの試み　オペレーションズ・リサーチ：経営の科学, *45*(12), 625-630

長田 伸一・長田 紘明・本橋 永至・守口 剛（2002）. 金融機関における顧客理解のための分析事例：金融行動と金融意識との関連性の把握　オペレーションズ・リサーチ：経営の科学, *47*(2), 81-86

佐々木 美加（2011）. 金融リスクの認知構造に関する心理学的研究――集団討議データの内容分析から　明治大学教養論集, 第 462 号, 47-65.

佐々木 美加（2015）. 金融商品の認知と投資行動に関する心理学的研究. 明治大学人文研究所紀要, *77*, 37-83.

佐々木 美加（2017）. 金融行動に関する心理学的研究についての考察　明治大学教養論集, *523*, 11-27.

佐々木 美加（2017）. 金融行動に関する諸尺度による投資の予測　明治大学教養論集, *531*, 55-56.

佐々木 美加・中村 真理子（投稿中）. 金融心理尺度得点の専門性ギャップ

佐々木 美加・中林 真理子・瀧川 裕貴（2015）. 個人の金融行動に関する心理学的モデルの検討：金融行動尺度の多母集団分析　第 9 回行動経済学会大会論文集

佐々木 美加・大久保 重孝（投稿中）. 金融行動に関する心理尺度の開発

Schachter, S. (1962). The interaction of cognitive and physiological determinants of emotional state. *Psychological Review*, *69*, 379-399.

Slovic, P. (1987). Perception of risk. *Science*, *236*, 280-285.

渡辺 伸子（2014）. 大学生用お金に対する信念尺度の作成　応用心理学研究, *40*, 11-22.

本書のまとめと使いかた

本書では，個人金融における金融行動の心理学的研究を実証的に行ってきた。研究の最終目標は，社会を構成する人々が幸福になるための研究成果を得ることであり，本書では個人の適応的な金融行動のため，測定尺度を開発することに力を尽くした。金融に関する心理測定尺度は，金融への認知や態度を測定して心理プロセスの程度を量的に表すことができ，既存の社会的カテゴリー（年齢，性別，学歴，収入等）で捉えきれない金融行動のこころの活動を数量化し可視化することができる。そこで金融心理尺度を開発することで，これまで心理学が貢献してきた社会的適応へのサポートを金融行動にも応用できるよう研究を重ねた成果をまとめたのが本書である。

本書冒頭にも記したように，たとえゼロ金利というインセンティブが与えられても人々の貯蓄志向の高さと投資の割合の低さは長年変わらなかった。それは人間が完全に経済合理的な存在ではなく，経済活動であっても経済原理に基づかず，何らかのこころのプロセス（心理過程）がその金融行動に向かわせているからだ。そこで本書では，金融行動の心理過程を明らかにするため，金融心理尺度を開発して金融行動の心理過程を測定しようと試みた。

まず金融心理尺度を開発するため，第１章では先行研究のレビューを行い，金融行動の特徴である金融リスクと投資についての心理過程を質的解析するため，集団討議を行いデータを収集した。また，金融商品についての知識量の差による金融行動の心理過程の違いを可視化するため，集団討議データの内容分析を行い，図解によって明らかにした。図解からは，金融行動に影響していると考えられる要因がいくつか見出された。

第２章では，金融行動に関連する心理尺度の先行研究を踏まえつつ，第１章で見出された金融行動に影響する要因について，言語化し質問項目を作成した。この段階では，通常の心理尺度の作成に用いられる手順とは異なり，工夫を加えた。通常の心理尺度の作成では，質問紙調査の自由記述によって予備調査を行うのが一般的である。これは原岡（1990）の研究でも行われている手法である。ただ，金融行動に関しては，金融の専門的知識や情報収集の方法などが一般的ではなく，金融の専門知識のない調査対象からは，偏った金融の知識による回答しか得られず，十分な予備調査データが得られない可能性があった。そのため，本書の第1章の金融心理尺度を作成するための予備研究では，金融リスクの分類をもとに集団討議を行い，その会話データを内容分析する方法を用いた。あくまで金融行動の特性にカスタマイズした予備調査であったことをご理解いただきたい。

集団討議は，まず学生の金融・保険コースの知識を持つ学生グループと，金融の教育を十分受けていない学生のグループで行った。その後金融専門家グループと一般消費者グループの社会人の集団討議を行い，それぞれ内容分析により金融認知の構造を比較・分析した。その結果，金融行動に影響を及ぼすと考えられる要因を抽出した。すなわち，「リスク回避志向」「ハイリスク・ハイリターン志向」「コストの意識」「信憑性の影響」「安全性志向」が金融行動に関連する心理過程として想定された。これらの要因にカテゴライズされたローデータ（発言）から，要因を構成する質問項目を作成し，金融心理尺度を形作っていった。

第2章では，第1章の内容分析を踏まえて金融行動の心理測定項目を作成し，調査によって妥当性の高い尺度を開発していった。調査データを分析した結果，金融リスク認知尺度（手数料懸念・統制不能感・損失不安），個人的・社会的考慮尺度（経済状況考慮・個人的能力欠如・金融情報考慮），投資態度尺度（安全性確実性志向・コスト重視志向・ハイリスク・ハイリターン志向・信憑性重視志向）という3つの尺度にそれぞれ下位尺度があるものがもっとも妥当性のある構造であると考えられた。

それぞれの尺度の因子の構造は十分な妥当性が確認された。また，お金に対する態度尺度（原岡, 1990）の「お金の利用と処世術」因子との相関が有意であった。これは金融心理尺度が，お金の利用と処世術というお金に対する態度を含んでいることを示していた。金融行動は，お金を利用するものという側面を持つことがうかがえた。

また，一般的リスク認知尺度（Slovic, 1987）の相関分析では，金融心理尺度の多くの因子が，一般的リスク認知尺度の「恐ろしさ」因子との正の相関が有意であった。これは金融行動の恐ろしさを認識していることを意味しており，一般的リスクと同様に恐ろしさを感じる部分があることを示している。また，「未知性」についても，金融リスク認知尺度の「損失不安」と正の相関および個人的・社会的考慮尺度のうちの「経済状況考慮」「金融情報考慮」と負の相関が有意だった。これらの結果から，金融心理尺度は，リスク認知とも強い関係性を持つ尺度であることが明らかであり，併存的妥当性も示された。さらに金融心理尺度の各尺度の構造的妥当性も検討され，すべて高い妥当性が示された。これによって金融心理尺度の開発が完了した。

第３章では，金融心理尺度の特徴をデモグラフィック要因や金融の専門性によって検討し，どのような金融商品への投資志向と関連するかを調査によって検討した。その結果，金融リスク認知尺度の得点は，一部女性の方が男性よりも高い評定値を示すことが見出された。一方で個人的・社会的考慮については，性差は，個人的能力欠如のみが有意で，女性の方が男性より高い評定であった。また，投資態度尺度についても性差の効果が有意で，男性の方が女性よりも「ハイリスク・ハイリターン志向」と「コスト重視志向」が高い傾向が見られた。逆に女性の方が男性よりも「安全性確実性志向」が高かった。

金融心理尺度の専門性ギャップについても検討した。その結果，有意な専門性ギャップが見られたのは，「損失不安」「個人的能力欠如」のみで，いずれも女性の方が男性よりも平均値が有意に高かった。それ以外についての専門性ギャップは有意ではなかった。

この結果は，金融リスクについても，リスク認知は性差が顕著に見られ，一般的リスクと同様に，女性の方がリスク回避的で，男性の方がリスク希求的であることが確認できた。特筆すべきことは，専門性ギャップについての結果である。第２章の内容分析で見出された認知地図は専門性ギャップが顕著であった。しかし，金融心理尺度で測定すると，コストやリターンに関連するリスク認知の有意差は見出されず，損失不安のみ有意差が見られ，一般消費者が金融専門家よりも損失への不安を持ちやすい傾向が見られた。個人的・社会的考慮については，経済情報や金融情報を考慮する行動については差が見られず，個人的能力欠如についてのみ一般消費者が金融専門家より高い評定を示していた。投資態度尺度では専門性ギャップに有意差がなく，関連性が確認できなかった。

さらに専門性による投資パターンを比較するため，金融専門家と一般消費者で別々のサンプルとして重回帰分析を行ったところ，両者に共通していたのは，国債への投資のパターンのみであった。両者の違いとしては金融専門家のみが社会的変数の影響を受けており，年収が高いと投資信託や保険商品への投資が促進されていた。また，統制不能感が株式の投資を促進することが示された。

一方，一般消費者の場合，金融リスク認知や個人的社会的考慮要因が投資信託への投資意欲に有意な影響があり，ハイリスク・ハイリターン志向の投資態度が投資信託への投資意欲を促進していた。このように，一般消費者と金融専門家は，金融心理尺度の「投資態度」の得点には差がないが，その影響過程については異なるパターンの影響過程を持つことが示された。これは，やはり第２章で見られた金融に対する認知構造が異なることによるものかもしれない。

最後に金融心理尺度のみならず，ほかの測定尺度として投資・貯蓄意識と金融意識を独立変数とし，金融商品への投資意欲を目的変数として重回帰分析を行った。ここでは，金融心理尺度が，複雑な金融認知の構造を反映して開発されたものであるため，単に投資意欲がどの商品であっても正の影響，あるいは負の影響という一律の影響過程ではなく，金融商品によって，金融心理尺度の各因子が正の影響を与えたり負の影響を与えるというパターンの違いを著すことができた。

すなわち，われわれが開発した金融心理尺度は，それぞれの因子との関連性のパターンによって，どの金融商品に投資意欲が促進されるか抑制されるかが弁別できることがうかがえた。具体的には，国債や社債への投資意欲は，安全性・確実性志向が強く，信憑性重視が強いほど促進されること，投資信託への投資意欲は，経済状況考慮と信憑性重視が強いほど促進され，個人的能力欠如が高いと抑制されることがわかる。株式については，統制不能感が強く，よく経済状況を考慮し，ハイリスク・ハイリターン志向が強く，コスト重視志向が強く，損失不安や個人的能力が欠如している意識が低い場合に投資意欲が強まることが明らかになった。

このように，金融心理尺度は，どの因子の得点が高いか低いかという組み合わせによって，どの金融商品に投資意欲を強めるかというパターンを明らかにしている。これらの結果をもとに，冒頭に述べた金融行動への適応のサポートに利用することができると思われる。もし読者が，自分の投資意欲のパターンを知ることができれば，自分が投資したいと思うことがない金融商品については，あまり関与したり調べたりせず，自らが投資意欲を持つことができる金融商品への投資を行うと，悩むことも少なく納得して金融行動を行えるかもしれない。

あるいは，たとえば投資信託を運用してみたいが経験がない場合，経済状況を考慮し，個人的能力の欠如を補う勉強や情報収集し，信頼がおける人に情報を聞くなどの行動をとれば，踏み出しやすくなるだろう。自らの資産やニーズを合理的に分析したうえで，それでも金融行動に踏み切れない場合は，巻末の附録で自分自身の金融心理尺度の得点を参考にしていただければと思う。測定した得点は，調査データで算出された平均値と比較することにより高いか低いかの目安になる。このような利用法ができれば，利用者の適応的な金融行動のサポートになりうると思われる。

ただし，金融心理尺度の得点は，関連する金融商品の投資に適しているとか資産を増やすかどうかとはまったく関連していない。あくまで自分自身がどの金融商品に投資をしやすいかを調べたり，何が投資意欲を抑制しているのかを調べるというもので，自己の金融行動を知るためのものである。心理尺度とは，そうした自己の状態を理解して適応に用いるための道具である。したがって，この尺度を使って他者の金融行動に意見をするようなことは厳に慎んでいただきたい。投資のアドバイスや金融資産運用のプラン作成などは専門の資格が必要であり，法に触れるような行為にならないよう注意していただきたい。

なお，研究については各所属で研究倫理審査を受けて行うことを推奨する。本書の研究がさらなる金融行動の解明の研究につながり，人々が自ら適応的な金融行動を行う材料になれば幸甚の至りである。

文　献

原岡　一馬（1990）．お金に対する態度と価値志向Ⅰ――態度の構造と態度尺度の構成――　名古屋大学教育学部紀要教育心理学科，*37*，199-216.

Slovic, P. (1987). Perception of risk. *Science*, *236*, 280-285.

あとがき

本書のテーマは「個人の金融行動をその人に適したものに」というもので，わたしが明治大学商学部に着任した年に降りてきたテーマだ。何かお告げがあったというわけではなく，父の他界により突然わたしに無縁だった金融行動を強いられることになったからだ。つまりはわずかな金融資産をわたしたち遺族で分け合ったのだが，相続手続きが終わったその日から悩まされることになった。相続のために証券口座を開設したら担当者が据えられて，こちらの都合や選好などお構いなしに電話であれこれ勧められる。これにはかなり苦悶した。

一方，大学で会うゼミ生はというと，金融のゼミとダブルメジャーの学生が多く，非常に真摯に金融を学んで，金融の心理を知りたい，金融商品を売るのに心理学を使いたい，とまで言う。これにはわたしの方が食わず嫌いに陥っていたと，認識を新たにさせられた。金融商品に喜んで投資する人と，わたしのように忌避する人と。その他どのような反応を示す人がいるのだろうかと疑問も湧いた。そこで学生たちと金融に関する心理学の文献を調べたが，金融に対する認知も態度もあまり研究は進んでいないことがわかった。とりわけ世界標準というものはなかった。どうやら国によって金融に関する法制は違っており（文献を読むのも一苦労で），金融商品はまったく異なっていたからのようだった。

それならばと，日本の金融商品についての質問紙調査を始めたが，知識がなくて「わからない」の回答が多すぎる。最初からリッカート式で測定できるものではなかった。そこで学生たちと，金融に関する集団討議で予備調査を行った。これの内容分析は，かなり学生にはハードだったようだ。よくついて来てくれたと思う。学生の努力は学内の学生プレゼン大会での受賞で報われ，国際学会の発表でも連名にした。その次のステップは質問項目の作成だった。

このステップでは，当時明治大学研究支援員として研究に加ってくれた大久保重孝氏の存在は大きかった。ほぼ二人で 200 あまりの項目を作成した。大変地道な作業だった。アイデアを突き合わせて項目を削除したりブラッシュアップしたり。最終的に明治大学商学部の中林真理子教授に，項目の文言について金融の専門家の目でチェックして頂いた。お二人には感謝申し上げたい。

その後の探索的因子分析や確認的因子分析はわたしが行い，金融心理尺度は，40 項目に収束した。何度もデータを収集したが，3 つの尺度の因子構成は安定していた。これまで多数作成してきた心理尺度の中で金融心理尺度が最も安定し，妥当性が高い尺度となった。多母集団分析の際には，東京大学大学院人文社会系研究科の瀧川裕貴先生にお世話になった。この場を借りて感謝を表したい。その頃にはわたしの金融資産は自宅購入の費用に消えていたが，研究は続いた。

さて話は 2013 年に遡るが，金融心理尺度作成についての論文を大久保重孝氏と共著で投稿準備をしていた。大久保氏からどの雑誌に投稿したいか希望も聞いて共著論文を書き進めていた。そんな矢先，2013 年 12 月大久保重孝氏が急逝された。もうすぐ 30 歳になろうかという精鋭の研究者で，わたしが 2014 年の在外研究時，代講をしていただく予定だった。本当に優秀な方で無念でならなかった。気持ちの整理がつかず，金融心理の研究は一時止まった。

そんななか，研究者からの金融心理尺度への問い合わせが時々舞い込んでくるようになった。関西大学経済学部教授・同ソシオネットワーク戦略研究機構長の本西泰三先生には，2018 年同機構公募研究員としてのわたしの金融行動の心理学の研究に目をかけていただき背中を押された。お礼申し上げたい。その後金融行動について解明したデータは蓄積され，金融心理尺度の重要性を確信した。

重要なのは，金融の知識や専門性とは関わりなく金融行動の個人特性が存在するという事実であった。こうした金融行動の個人特性について多くの人に知っていただき，個人に適した金融行動に活かして欲しい。共同研究者を亡くしても，この世の問題には取り組まなくてはと奮起し，大久保氏との金融心理尺度に関する共著論文も投稿した。

個人の特性に応じて適応的行動の道筋を提案するのが心理学の役割の一つだとわたしは考えている。金融心理尺度が，個人に適した金融行動の支援になれば，あるいは個人に適した金融商品が開発されるために役立てば……。そういう思いで本書を刊行するに至った。

最後に，6年前学会会場で本書の構想に耳を傾け企画を通し，辛抱強く発破をかけてくださったナカニシヤ出版の宍倉由高氏に心からお礼申し上げたい。

2023年　7月

著者

索　引

事項索引

た行

な行

は行

ら行

人名・団体名索引

附　　録

金融心理尺度（佐々木・大久保，投稿中）

（注）この尺度は，個人が自らの金融に対する個人特性を知るために作成されました。商用ではなく，適応的な金融行動のための研究目的または自分自身の測定用に使用してください。金融に関するアドバイスやプラン作成には資格が必要であることに注意してください。

あなたが金融商品についてどのように考えるかについて伺います。あなたが金融商品に投資をする際，以下の項目の内容について，どの程度当てはまると思いますか。それぞれの項目について，右側の１～６の数字の中で最も当てはまる数字に○をつけてください。

Ⅰ金融リスク認知尺度

	全く当てはまらない	当てはまらない	あまり当てはまらない	やや当てはまる	当てはまる	非常に当てはまる
(1) 海外の債券を購入する際に手数料がかかることが気になる	1	2	3	4	5	6
(2) 金融商品の購入の際に手数料がかかることが気になる	1	2	3	4	5	6
(3) 外為取引をする際に手数料がかかることが気になる	1	2	3	4	5	6
(4) 中途換金の際に手数料がかかることが気になる	1	2	3	4	5	6
(5) 証券会社などで口座管理料がかかることが気になる	1	2	3	4	5	6
(6) リターンの予測は難しいと思う	1	2	3	4	5	6
(7) 為替の予測は難しいと思う	1	2	3	4	5	6
(8) 金融商品の底値や最高値を見極めることは難しいと思う	1	2	3	4	5	6
(9) 損失額に対して自分が責任を負うことが気になる	1	2	3	4	5	6
(10) 損失が出る危険性があることが気になる	1	2	3	4	5	6
(11) リターンにリスクが伴うことが気になる	1	2	3	4	5	6

別表１　金融リスク認知尺度の下位尺度の平均値と標準偏差（N = 2,000，金融専門家割合 3%）

下位尺度の名称		男性（N = 1,000）	女性（N = 1,000）	全体（N = 2,000）
		平均値（標準偏差）	平均値（標準偏差）	平均値（標準偏差）
手数料懸念	1, 2, 3, 4, 5	4.15（.03）	4.50（.03）	4.32（.02）
統制不能感	6, 7, 8	4.65（.03）	4.92（.03）	4.78（.02）
損失不安	9, 10, 11	4.10（.04）	4.64（.04）	4.37（.03）

Ⅱ　個人的・社会的考慮尺度

(1) 世界の景気の状況を考慮する	1－2－3－4－5－6
(2) 世界の金融不安を考慮する	1－2－3－4－5－6
(3) 金融商品の購入の際に余裕資金がどのくらいあるかを考慮する	1－2－3－4－5－6
(4) 日本の景気の状況を考慮する	1－2－3－4－5－6
(5) 円相場を考慮する	1－2－3－4－5－6
(6) アメリカの景気の日本への影響が気になる	1－2－3－4－5－6
(7) 購入対象となる金融商品についての十分な知識がない	1－2－3－4－5－6
(8) 自分で購入を決定する自信がない	1－2－3－4－5－6
(9) 金融商品を理解するための十分な知識がない	1－2－3－4－5－6
(10)金融商品に関する判断に自信が持てない	1－2－3－4－5－6
(11)IR 情報（企業の発する投資家広報情報）を考慮する	1－2－3－4－5－6
(12)日経会社情報や会社四季報から得られる情報を考慮する	1－2－3－4－5－6
(13)売買のタイミングをはかるためにテクニカル指標を考慮する	1－2－3－4－5－6

別表 2　個人的・社会的考慮尺度の下位尺度の平均値と標準偏差（N = 2,000，金融専門家割合 3%）

下位尺度の名称		男性（N = 1,000）	女性（N = 1,000）	全体（N = 2,000）
		平均値（標準偏差）	平均値（標準偏差）	平均値（標準偏差）
経済状況考慮	1, 2, 3, 4, 5, 6	4.13（.03）	4.14（.03）	4.13（.02）
個人的能力欠如	7, 8, 9, 10	3.77（.04）	4.36（.04）	4.07（.03）
金融情報考慮	11, 12, 13	3.58（.03）	3.46（.04）	3.52（.02）

Ⅲ　投資態度尺度

あなたが金融商品に投資をする際，以下のような投資の仕方についてどの程度当てはまると思いますか。それぞれの項目について，右側の1～6の数字の中で最も当てはまる数字に○をつけてください。

	全く当てはまらない	当てはまらない	あまり当てはまらない	やや当てはまる	当てはまる	非常に当てはまる
(1) 元本割れしない金融商品を購入したい	1	—2	—3	—4	—5	—6
(2) 元本保証がある金融商品を購入したい	1	—2	—3	—4	—5	—6
(3) リスクの少ない金融商品に投資したい	1	—2	—3	—4	—5	—6
(4) 安全だと思える金融商品を購入したい	1	—2	—3	—4	—5	—6
(5) ローリスク・ローリターンな金融商品を購入したい	1	—2	—3	—4	—5	—6
(6) 資産価値が下がる可能性がある金融商品の購入は避けたい	1	—2	—3	—4	—5	—6
(7) コストを重視して購入する金融商品を決める	1	—2	—3	—4	—5	—6
(8) コストを比較して購入する金融商品を決める	1	—2	—3	—4	—5	—6
(9) 金融商品を購入することで，生涯を通じてどれだけの収支になるかが気になる	1	—2	—3	—4	—5	—6
(10)許容できる損失の範囲で，金融取引をしたい	1	—2	—3	—4	—5	—6
(11)ハイリスク・ハイリターンな金融商品を購入したい	1	—2	—3	—4	—5	—6
(12)リスクの高い商品を，長期的に運用したい	1	—2	—3	—4	—5	—6
(13)値動きのある商品に投機したい	1	—2	—3	—4	—5	—6
(14)その金融商品について詳しい人に聞いて購入したい	1	—2	—3	—4	—5	—6
(15)専門家の意見を聞いて購入する金融商品を決めたい	1	—2	—3	—4	—5	—6
(16)信頼できる人の意見を参考にして購入したい	1	—2	—3	—4	—5	—6

別表3　投資態度尺度の下位尺度の平均値と標準偏差（N = 2,000，金融専門家割合3%）

下位尺度の名称		男性 （N = 1,000）	女性 （N = 1,000）	全体 （N = 2,000）
	項目番号	平均値 （標準偏差）	平均値 （標準偏差）	平均値 （標準偏差）
安全性・確実性志向	1, 2, 3, 4, 5, 6	3.78（.03）	4.15（.03）	3.97（.02）
コスト重視志向	7, 8, 9, 10	3.74（.03）	3.67（.03）	3.70（.02）
ハイリスク・ハイリターン志向	11, 12, 13	3.00（.03）	2.56（.03）	2.78（.02）
信憑性依拠	14, 15, 16	3.74（.03）	3.67（.03）	3.70（.02）

著者紹介

佐々木美加（ささき　みか）

明治大学商学部教授

博士（文学）（2003 年）

東北大学大学院文学研究科博士後期課程単位取得退学（2001 年）

主著：

『交渉の心理学』（編著），第 2 章・第 4 章執筆，ナカニシヤ出版，2012 年，『紛争・暴力・公正の心理学』（分担執筆）第 4 章，大渕憲一監修，北大路書房，2016 年

論文：

Sasaki, M. (2012). Interpersonal Effects of Emotions in Negotiations: Emotional Intelligence in Decoding and the Decoder's Concessions. *Japanese Journal of Applied Psychology, 38*, 8-20.

Sasaki, M, et. al., (2013). Comparing the attitude of consumers and financial experts towards financial products. *Tohoku Psychologica Folia, 72*, 1-6.

金融行動の心理学
金融心理尺度の開発と応用

2023 年 8 月 10 日　　初版第 1 刷発行　　定価はカヴァーに表示してあります

著　者　佐々木美加
発行者　中西　良
発行所　株式会社ナカニシヤ出版
〒 606-8161　京都市左京区一乗寺木ノ本町 15 番地
Telephone　075-723-0111
Facsimile　075-723-0095
Website　http://www.nakanishiya.co.jp/
Email　iihon-ippai@nakanishiya.co.jp
郵便振替　01030-0-13128

装幀＝白沢　正／印刷・製本＝創栄図書印刷株式会社

Printed in Japan
ISBN978-4-7795-1710-5 C3011